essentials

T0002953

essentials liefern aktuelles Wissen in konzentrierter Form. Die Essenz dessen, worauf es als „State-of-the-Art" in der gegenwärtigen Fachdiskussion oder in der Praxis ankommt. *essentials* informieren schnell, unkompliziert und verständlich

- als Einführung in ein aktuelles Thema aus Ihrem Fachgebiet
- als Einstieg in ein für Sie noch unbekanntes Themenfeld
- als Einblick, um zum Thema mitreden zu können

Die Bücher in elektronischer und gedruckter Form bringen das Expertenwissen von Springer-Fachautoren kompakt zur Darstellung. Sie sind besonders für die Nutzung als eBook auf Tablet-PCs, eBook-Readern und Smartphones geeignet. *essentials:* Wissensbausteine aus den Wirtschafts-, Sozial- und Geisteswissenschaften, aus Technik und Naturwissenschaften sowie aus Medizin, Psychologie und Gesundheitsberufen. Von renommierten Autoren aller Springer-Verlagsmarken.

Weitere Bände in der Reihe http://www.springer.com/series/13088

Christine Mathier-Matter ·
Anette Wittekind

Coaching zum Führungsstart

Christine Mathier-Matter
Zürich, Schweiz

Anette Wittekind
München, Deutschland

ISSN 2197-6708   ISSN 2197-6716   (electronic)
essentials
ISBN 978-3-658-28336-0   ISBN 978-3-658-28337-7   (eBook)
https://doi.org/10.1007/978-3-658-28337-7

Die Deutsche Nationalbibliothek verzeichnet diese Publikation in der Deutschen Nationalbibliografie; detaillierte bibliografische Daten sind im Internet über http://dnb.d-nb.de abrufbar.

© Springer Fachmedien Wiesbaden GmbH, ein Teil von Springer Nature 2020
Das Werk einschließlich aller seiner Teile ist urheberrechtlich geschützt. Jede Verwertung, die nicht ausdrücklich vom Urheberrechtsgesetz zugelassen ist, bedarf der vorherigen Zustimmung des Verlags. Das gilt insbesondere für Vervielfältigungen, Bearbeitungen, Übersetzungen, Mikroverfilmungen und die Einspeicherung und Verarbeitung in elektronischen Systemen.
Die Wiedergabe von allgemein beschreibenden Bezeichnungen, Marken, Unternehmensnamen etc. in diesem Werk bedeutet nicht, dass diese frei durch jedermann benutzt werden dürfen. Die Berechtigung zur Benutzung unterliegt, auch ohne gesonderten Hinweis hierzu, den Regeln des Markenrechts. Die Rechte des jeweiligen Zeicheninhabers sind zu beachten.
Der Verlag, die Autoren und die Herausgeber gehen davon aus, dass die Angaben und Informationen in diesem Werk zum Zeitpunkt der Veröffentlichung vollständig und korrekt sind. Weder der Verlag, noch die Autoren oder die Herausgeber übernehmen, ausdrücklich oder implizit, Gewähr für den Inhalt des Werkes, etwaige Fehler oder Äußerungen. Der Verlag bleibt im Hinblick auf geografische Zuordnungen und Gebietsbezeichnungen in veröffentlichten Karten und Institutionsadressen neutral.

Springer ist ein Imprint der eingetragenen Gesellschaft Springer Fachmedien Wiesbaden GmbH und ist ein Teil von Springer Nature.
Die Anschrift der Gesellschaft ist: Abraham-Lincoln-Str. 46, 65189 Wiesbaden, Germany

Was Sie in diesem *essential* finden können

In diesem Essential zeigen wir auf, was das Coaching von neuen Führungskräften ohne jegliche Führungserfahrung ausmacht. Unser Ziel ist es, dass Sie als Coach praxisnah die wichtigsten Informationen erhalten, die Sie für die Durchführung eines typischen Coachings zum Führungsstart benötigen. Sind Sie neue Führungskraft, so kann Ihnen dieses Buch Anregungen für einen gelungenen Start in die neue Rolle geben. Konkret gehen wir ein auf:

- die mit der Übernahme einer Führungsfunktion verbundenen Herausforderungen
- Spezifika des Coachings zum Führungsstart
- Typischer Ablauf und das wichtigste Handwerkszeug
- Konkrete Tipps für den Einstieg in die Führung
- Fallbeispiele zu typischen Fragestellungen einer neuen Führungskraft.

Inhaltsverzeichnis

Einleitung 1

Zum ersten Mal in der Führung – viele neue Aufgaben und Herausforderungen warten auf die neue Führungskraft, gleichzeitig muss sie sich von alten Gewohnheiten verabschieden. Sie muss sich innert kurzer Zeit in die neuen Aufgaben einarbeiten, einen Überblick über das Geschäft verschaffen und nicht selten ein Projekt übernehmen. Zudem gilt es, das neu übernommene Team zu entwickeln und sich als Führungskraft zu positionieren. Der Druck ist hoch, weil die neue Führungskraft[1] ihren Vorgesetzten[2] und das Team nicht enttäuschen will. Sie möchte beweisen, dass die Entscheidung sie einzustellen, richtig war. Ist die neue Führungskraft auch neu im Unternehmen, kommen Themen wie die Auseinandersetzung mit Gepflogenheiten, ungeschriebenen Gesetzen und Kommunikationswegen beim neuen Arbeitgeber hinzu. Nicht zuletzt gilt es einen völlig anderen Job zu erlernen, weg von der Expertenrolle, hin zur Management- und Führungsaufgabe. Zum Erlernen von zusätzlichen Kompetenzen und Verhaltensmustern kommt das „Verlernen" von Gewohntem. Häufig vermissen neue Führungskräfte die interessanten operativen Aufgaben. Es besteht die Gefahr, dass sie schnell in das Operative ausweichen – hier fühlen sie sich kompetent – und die neuen Aufgaben aus den Augen verlieren. Neben den vertrauten Aufgaben verändern sich auch die Beziehungen zu ehemaligen Kollegen. Wirklich schwierig wird es, wenn die neue Führungskraft im Team einen engen Freund hat und sich möglicherweise sogar die Familien gut kennen. Auch wenn es für viele neue Führungskräfte zu Beginn nicht wirklich vorstellbar ist, es wird dazu kommen, dass sich die Beziehungen grundlegend ändern (müssen). Spätestens wenn die ehemaligen

---

[1]Wenn wir von Führungskraft schreiben, meinen wir damit immer die **neue** Führungskraft.
[2]Wenn wir vom Vorgesetzten schreiben, meinen wir den Chef der neuen Führungskraft.

© Springer Fachmedien Wiesbaden GmbH, ein Teil von Springer Nature 2020
C. Mathier-Matter und A. Wittekind, *Coaching zum Führungsstart,* essentials,
https://doi.org/10.1007/978-3-658-28337-7_1

Kollegen vom neuen Chef zum ersten mal eine unerfreuliche Leistungsbe-
urteilung erhalten, wird deutlich, wie sich das Gefälle in der Beziehung ver-
schoben hat. Nicht selten werfen die Mitarbeiter dem ehemaligen Kollegen dann
Überheblichkeit vor („ah, jetzt hält er sich für etwas Besseres"). Zu vergessen ist
auch nicht der Neid, vielleicht hatte sich ja sogar einer der anderen Kollegen auch
für die Stelle interessiert. Die neue Führungskraft muss also lernen, nicht mehr
dazu zu gehören und Einsamkeit zu ertragen.

Es handelt sich bei der Übernahme einer ersten Führungsfunktion um einen
Meilenstein in der Laufbahn. Mit der Entscheidung zum Stellenantritt beginnt
ein wichtiger Veränderungsprozess. Dieser Schritt kann entscheidend für die Karriere sein. Das Scheitern in der ersten Führungsfunktion führt oft dazu, dass auch
gut geeignete Führungskräfte sich aus der Führung zurückziehen. Auf jeden Fall
braucht es Zeit und viel Energie sich von so einem Rückschlag zu erholen. Es
bedeutet für die betroffene Person einen Riss in der Karriere. Daher lohnt sich
Coaching besonders beim Wechsel in die Führungsrolle, damit die Führungskraft möglichst schnell in ihrer Rolle ankommt und Glaubwürdigkeit erlangt
(vergl. Metz und Rinck 2010). In Teamentwicklungen und Coachings stellen wir
fest, dass sich Probleme oft schon lange angebahnt haben und dass sie in einer
unzureichend bewältigten Anfangssituationen ihren Ursprung haben.

Aber auch für das ganze Team und die Organisation bringt ein Führungswechsel Herausforderungen mit sich. Die Mitarbeiter müssen sich auf den
neuen Chef einstellen. Gelingt der Führungswechsel nicht, kann dies schnell
zu Demotivation führen, da die Mitarbeiter lange Zeit nicht wissen, was sie
erwartet. Das bietet wiederum Raum für Gerüchte und fördert Unsicherheiten
im Team. Gescheiterte Führungswechsel kosten die Organisation eine Menge
(HR Spezialisten gehen von bis zu einem Jahresgehalt aus). Zudem kommt es in
der betroffenen Organisationseinheit nicht selten zu Stagnation, da angestoßene
Veränderungsmaßnahmen häufig wieder rückgängig gemacht werden. Kommt es
in einer Abteilung innerhalb einer kurzen Zeitspanne zu mehreren Wechseln, so
schadet dies auch dem Image und der Reputation bei Kunden und Partnern.

Kein Wunder also, dass konkrete Coaching-Angebote für neue Führungskräfte, sogenannte Coachings zum Führungsstart vonseiten der Arbeitgeber
zunehmend nachgefragt werden. Eine Organisation verfolgt mit dem Coaching
zum Führungsstart das Ziel, die Anlaufkurve einer neuen Führungskraft zu
beschleunigen, damit die Führungskraft schneller den Punkt erreicht, ab dem sie
tatsächlich Nutzen für die Organisation bringt. Dadurch sollen die Kosten durch
gescheiterte Führungswechsel reduziert werden. Das heißt also, dass die individuellen Ziele, die eine einzelne Führungskraft mit einem Coaching zum Führungsstart erreichen möchte, sich immer an den übergeordneten Zielsetzungen

ausrichten sollten (vgl. Caspari und von Schumann 2018; Metz und Rinck 2010; Schreyögg 2010).

Dieses Buch richtet sich an (potenzielle) Coaches, die Coaching zum Führungsstart mit in ihr Angebot aufnehmen möchten, bzw. bereits neue Führungskräfte coachen. Wir möchten Ihnen die Besonderheiten und Herausforderungen von Coaching zum Führungsstart aufzeigen, das Verständnis Ihrer Rolle schärfen und konkrete Fallbeispiele mit Ihnen teilen. Dieses Buch soll Ihnen eine kompakte und praxisnahe Auseinandersetzung mit dem Thema ermöglichen. Auch für HRler und Personalentwickler, die ähnliche Programme etablieren möchten oder für die Auswahl von Coaches verantwortlich sind, ist dieses Essential zu empfehlen. Führungskräfte, die sich vertieft mit den Herausforderungen der neuen Rolle auseinandersetzen möchten, finden hier konkrete Anhaltspunkte. Wir betrachten in diesem Buch die Spezifika des Coachings von ganz neuen Führungskräften. Auch bei jedem anderen Führungswechsel, d. h. beim Wechsel einer Führungskraft in die nächsthöhere Ebene oder in ein anderes Team ist es häufig sinnvoll, ein Coaching in Anspruch zu nehmen. Sicherlich gibt es viele Überschneidungen, jedoch sind die typischen Herausforderungen und Fragestellungen der Coachees etwas anders gelagert.

Definition Coaching und Expertenberatung

2

Im Coaching zum Führungsstart werden Elemente des klassischen Coachings mit Expertenberatung kombiniert.

Bevor wir diese Besonderheiten von Coaching zum Führungsstart aufzeigen, möchten wir auf unser Coachingverständnis eingehen. Welche Elemente sind uns dabei wichtig?

- Ausgangspunkt eines Coachings sind berufliche Anliegen. Es geht im Coaching aber auch immer um damit verbundene persönliche Fragestellungen.
- Coaching ist ein prozessorientiertes Verfahren, d. h. der Coach gibt keine direkten Lösungsvorschläge, vielmehr unterstützt er den Coachee dabei, eigene Lösungen zu entwickeln.
- Die Anliegen und Herausforderungen des Coachees sind sehr individuell und auf seinen Kontext bezogen. Es sind Fragestellungen, die der Coachee ohne externe Sicht nicht optimal lösen konnte, weil die Dynamiken oder Ursachen für den Coachee nicht oder nur teilweise erkennbar waren. Es geht also nicht nur darum, für jede Herausforderung sofort eine Lösung zu finden, sondern zunächst die Prozesse zu verstehen, die zu bestimmten Herausforderungen führen können.
- Es handelt sich beim Coaching um einen Dialog unter zwei Experten. Der Coachee ist Experte für sein Arbeitsumfeld, der Coach ist für den Prozess zuständig. Coach und Coachee arbeiten auf Augenhöhe zusammen (vgl. Rauen 2008; DBVC 2012).

Im Gegensatz zum klassischen Coaching präsentiert in der Expertenberatung der Berater eine Lösung für ein Problem. Der Berater hat bestimmtes fachliches Wissen, welches dem Klienten häufig fehlt. Es geht hier um das Vermitteln von sach-

© Springer Fachmedien Wiesbaden GmbH, ein Teil von Springer Nature 2020
C. Mathier-Matter und A. Wittekind, *Coaching zum Führungsstart,* essentials,
https://doi.org/10.1007/978-3-658-28337-7_2

lichen Informationen und fachlichem Wissen, die Präsentation von (kreativen) Lösungen und Aufzeigen von Best Practices. Die kommunikative Kompetenz des Beraters ist insofern entscheidend, als dass sie Einfluss darauf hat, inwieweit der Klient die Beratungsinhalte annimmt und umsetzt.

Was ist das Spezifische am Coaching zum Führungsstart?

3

3.1 Prozess- und Expertenberatung

Wenn man Experten- und Prozessberatung auf einem Kontinuum betrachtet, so enthält das Coaching zum Führungsstart mehr Elemente der Expertenberatung als klassisches Coaching. Der Coach geht im Coaching zum Führungsstart immer wieder in die Expertenrolle und gibt verschiedene Tipps zum Einstieg in die Führung oder dazu, was man als Führungskraft beachten sollte. Auch bezieht der Coach inhaltlich Stellung. Er bringt Themen ein, die sich für den Start bewährt haben (siehe dazu Kap. 6). In nachstehender Abb. (3.1) zeigen wir auf, wo auf dem Kontinuum zwischen Experten- und Prozessberatung wir Coaching zum Führungsstart – im Vergleich zu anderen Coaching-Ansätzen – ansiedeln würden.

3.2 Stärkere Steuerung

Ein weiterer wichtiger Unterschied zum klassischen Coaching besteht darin, dass neben den eigenen, persönlichen Themen, die der Coachee einbringt, systematisch für den Einstieg in die Führung relevante Aspekte abgefragt und überprüft werden (Details siehe Abschn. 5.1). Im Coaching zum Führungsstart steuert der Coach somit stärker als in anderen Coachingkonstellationen. Es geht darum, mit dem Coachee zusammen herauszufinden, bei welchen Aspekten für ihn der größte Handlungs- bzw. Entwicklungsbedarf besteht. Coach und Coachee stehen also vor der Herausforderung, aus den vielen wichtigen Themen und Fragen die für den Coachee erfolgskritischsten herauszufiltern. Weiterhin gilt es, die Balance zu finden zwischen strukturiertem „Abklopfen" relevanter Themen und Eingehen auf individuelle Bedürfnisse des Coachees. Der Coach macht einen Spagat zwischen

© Springer Fachmedien Wiesbaden GmbH, ein Teil von Springer Nature 2020
C. Mathier-Matter und A. Wittekind, *Coaching zum Führungsstart,* essentials,
https://doi.org/10.1007/978-3-658-28337-7_3

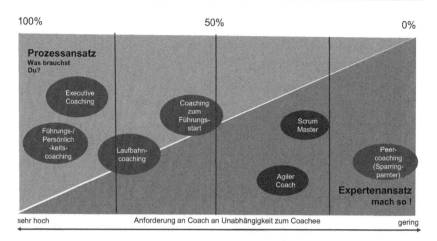

Abb. 3.1 „Kontinuum Experten- bis Prozessberatung"

Strukturierung und individuellen Anliegen des Coachees, wobei stets gilt, dass dringende persönliche Anliegen Vorrang haben (vgl. Metz und Rinck 2010).

3.3   Präventiver Charakter

Ein weiteres Merkmal von Coaching zum Führungsstart besteht darin, dass der Coachee in den allermeisten Fällen noch kein zugespitztes Problem hat. Coachings zum Führungsstart haben häufig präventiven Charakter. Es geht um die möglichst gute Vorbereitung auf die neue Rolle. Nur in seltenen Fällen kommt der Coachee mit einem krisenhaften Anliegen ins Coaching zum Führungsstart, beispielsweise einem bereits bestehenden Konflikt im Team, den er geerbt hat.

Nachdem der Coachee sich in der Führung sicher fühlt, ist das übergeordnete Ziel (vgl. Kap. 1) erreicht und das Coaching kann und sollte zeitnah abgeschlossen werden. Die Praxis zeigt, dass ein Teil der ehemaligen Coachees bei neuen Herausforderungen wieder für eine Coachingsitzung anfragen. Da die Hemmschwelle nun viel niedriger ist, meldet sich der Coachee in der Regel sehr früh, noch bevor der Konflikt eskaliert ist. Auch dies hat präventiven Charakter.

Bewährter Ablauf Coaching zum Führungsstart

4

Wir stellen Ihnen hier einen typischen Ablauf vor, wie Sie ihn in Unternehmen, in denen Coaching zum Führungsstart etabliert ist, in dieser oder ähnlicher Form vorfinden.

Der richtige Zeitpunkt, um das Coaching zu beginnen, ist zeitnah zum Führungsstart. Dabei gibt es verschiedene Ansätze. Manche Unternehmen starten bereits ca. drei bis vier Wochen vor der Übernahme der Führungsfunktion. Hier geht es vor allem um Reflexion des eigenen Führungsstils und darum, die Startphase zu besprechen. Ein Vorteil ist, dass der Coachee sich gut auf seinen Einstieg vorbereiten kann. Ist der frühe Start aus logistischen Gründen nicht möglich, beginnt das Coaching zum Führungsstart ca. zwei bis vier Wochen nach Übernahme der neuen Funktion. Den Start im Team plant der Coachee mit seinem direkten Vorgesetzten. Auch stellen Unternehmen hierzu oft Unterlagen und Checklisten zur Verfügung. Ein späterer Start hat den Vorteil, dass der Coachee bereits Aussagen zum Team, zu den Kollegen auf der gleichen Hierarchieebene (Peers) und zum Vorgesetzen machen kann.

4.1 Einstieg in den Coachingprozess

Sobald der anstehende Wechsel in die Führungsrolle bekannt ist, werden neue Führungskräfte von der HR-Abteilung auf das Angebot aufmerksam gemacht. Die Entscheidung für ein Coaching zum Führungsstart sollte freiwillig sein. Nachdem die neue Führungskraft sich angemeldet hat, bekommen sie und ihr Vorgesetzter den Auftrag, sich Gedanken zu Zielen und Erwartungen an das Coaching zu machen. Jeder aus seiner Perspektive.

© Springer Fachmedien Wiesbaden GmbH, ein Teil von Springer Nature 2020
C. Mathier-Matter und A. Wittekind, *Coaching zum Führungsstart*, essentials,
https://doi.org/10.1007/978-3-658-28337-7_4

4.2   Erstes Gespräch

Das erste Gespräch besteht aus zwei Teilen: Im ersten Teil (Dauer ca. 20 min), der gemeinsam mit dem Vorgesetzten des Coachees stattfindet, wird der formale Rahmen geklärt. Gehen Sie hier auf folgende Punkte ein: übergeordnetes Ziel, Vorstellung Coach, Schweigepflicht, Dauer, Coachingvorerfahrung, Erwartungen der vorgesetzten Person. Der zweite Teil (ohne den Vorgesetzten der neuen Führungskraft, Dauer ca. 1,5 h) steht im Zeichen des Kennenlernens und der ersten persönlichen Zieldefinition. Falls Sie im ersten Gespräch genügend Zeit haben, bietet es sich an, mit der Bearbeitung einer kleinen Fragestellung zu beginnen, die den zeitlichen Rahmen nicht sprengt. Dabei können Sie auch einfließen lassen, welche Methoden sie sonst noch verwenden und warum. Der Coachee kann in einem kleinen Format kennenlernen, wie ein Coaching abläuft und wie Sie arbeiten. Lassen Sie sich genügend Zeit, für den Abschluss des ersten Termins (Details zum Erstgespräch siehe Kap. 5.1).

4.3   Die weiteren Coachingsitzungen

In den nächsten Coachingsitzungen werden die verschiedenen im ersten Gespräch priorisierten Themen bearbeitet. Zu Beginn jeder Sitzung wird geprüft, ob die definierten Ziele des Erstgesprächs auf die aktuelle Situation des Coachees angepasst werden sollten und welches Ziel priorisiert bearbeitet werden soll. Es gibt Fälle, bei denen sich die in den ersten ein bis zwei Terminen definierten Themen nur wenig ändern. Das heißt die weiteren Sitzungen dienen dazu, die zu Anfang definierten Themen zu bearbeiten. In anderen Fällen, z. B. wenn Coachees ein „schwieriges" Team übernommen haben, bringen sie jedes Mal neue und andere Fragen und Herausforderungen mit, die aufgrund der Dringlichkeit bearbeitet werden (siehe dazu Fall Abschn. 7.1).

4.4   Der Abschluss

In der Abschlusssitzung sollte ausreichend Zeit eingeplant werden, den Prozess auszuwerten. Dazu gehört eine gemeinsame Evaluation der Zielerreichung, der Zusammenarbeit zwischen Coach und Coachee und den Erkenntnissen aus dem Coaching. Wie auch im klassischen Coaching kann zudem ein Evaluationsfragebogen eingesetzt werden z. B. S-C-Eval (Runde 2013).

Zudem empfiehlt es sich, mit dem Coachee zu vereinbaren, dass der Coach sich in einem halben Jahr nochmal melden wird, um nachzufragen, was aus dem Coaching nachgewirkt hat. Wichtig im Abschlussgespräch ist es, zu thematisieren über welche Inhalte und Ergebnisse in welcher Form der direkte Vorgesetzte über das Coaching zu informieren ist. Ob bzw. inwieweit seine Mitarbeiter über das Coaching zum Führungsstart informiert werden, wird dem Coachee freigestellt.

Das Vorgehen – ganz konkret

Im Folgenden stellen wir Ihnen Vorgehensweisen vor, die sich aus unserer Sicht besonders für das Coaching zum Führungsstart bewährt haben und die Coachees als hilfreich erleben:

- Der Einstieg ins Coaching zum Führungsstart
- Förderung Selbstreflexion
- Hinweise zur Unterstützung von Kaminaufsteigern
- Teamaufstellung
- Netzwerkanalyse und -arbeit
- Visionsarbeit
- Beratung individuelle Weiterbildung

5.1 Der Einstieg ins Coaching zum Führungsstart

Im ersten Teil des Erstgespräches, das gemeinsam mit dem Vorgesetzten des Coachees stattfindet, geht es um folgende Punkte:

- Erläuterung des übergeordneten Ziels des Coachings zum Führungsstart (siehe dazu Kap. 1).
- Manchmal kann es auch sinnvoll sein, zu erklären, was nicht Inhalt dieses Coachings ist: z. B. private Beziehungsprobleme zu lösen. Dies schafft bei der Führungskraft Vertrauen, dass die Zeit für das Unternehmen und nicht für private Probleme genutzt wird. Natürlich können private Schwierigkeiten nicht radikal ausgeschlossen werden. Manchmal kann ohne dessen Einbezug der Prozess nicht gestartet werden. Liegt die Thematik außerhalb der Kompe-

© Springer Fachmedien Wiesbaden GmbH, ein Teil von Springer Nature 2020
C. Mathier-Matter und A. Wittekind, *Coaching zum Führungsstart,* essentials,
https://doi.org/10.1007/978-3-658-28337-7_5

tenz des Coaches oder außerhalb des Coachingauftrags wird er dem Coachee anraten einen Spezialisten z. B. Paartherapeuten aufzusuchen. Er macht hier eine Triage und nutzt die Information für das weitere Coaching wo nötig.

- Vorstellung des Coaches – kurz und knapp. Langweilen Sie die Anwesenden nicht mit einer Aufzählung, wie toll Sie sind und welche vielfältigen Erfahrungen Sie haben. Offerieren Sie Ihrem Coachee, dass er jederzeit nachfragen kann.
- Ein ganz wichtiger Teil ist die Schweigepflicht des Coaches. Dieser Punkt ist zentral für den Coachee, damit er sich einbringen kann. Falls Sie regelmäßig Supervision nehmen, erwähnen Sie dies. Erklären Sie, dass Sie Fälle einbringen, diese aber anonymisiert werden, damit keine Rückschlüsse gezogen werden können.
- Führungskräfte möchten oft wissen, wie lange das Coaching dauert. Viele Faktoren beeinflussen die Dauer. Die meisten Coachings zum Führungsstart können jedoch nach drei bis fünf Terminen mit jeweils 1,5 h abgeschlossen werden. Als Orientierung lässt sich zudem sagen, dass es sich empfiehlt, die neue Führungsperson zumindest während der ersten drei Monate zu begleiten (vgl. Schreyögg 2008).

Es hat sich bewährt, nachzufragen ob der Coachee oder sein Vorgesetzter bereits Coachingerfahrungen haben. Möglicherweise ist der Vorgesetzte so begeistert vom Coaching, dass der Coachee sich verpflichtet fühlt das Coachingangebot anzunehmen, obwohl er nicht abschätzen kann, auf was er sich einlässt. Manchmal wird er dann zum sog. Besucher. Mit Besucher meinen wir, dass der Coachee nicht bereit ist, zu reflektieren, was sein Anteil an einer Situation ist, um herauszufinden, was er selber verändern kann. Für ihn ist klar, dass sich die „Anderen" ändern müssen, damit sich die Situation verbessert (vgl. bspw. Radatz 2013). Es geht in solch einem Fall darum herauszufinden, ob diese Form des Lernens auch für den Coachee passend ist. Falls beide keine Coachingerfahrungen haben, erklären Sie kurz, dass Coaching immer anhand von konkreten Fragestellungen arbeitet und somit sehr praxisnah ist.

Dann wird der Vorgesetzte des Coachees aufgefordert, seine Ziele/ Erwartungen ans Coaching und an den Coach zu formulieren. Es gibt Führungskräfte, die keine Erwartungen oder Ziele haben und ihren Mitarbeitern grünes Licht geben, es so zu nutzen, wie sie es möchten. Andere Vorgesetzte kommen mit detaillierten Zielen. Schreiben Sie die Erwartungen und Ziele auf, klären Sie, wenn Sie etwas nicht verstanden haben oder wenn die Ziele zu allgemein gehalten sind. Diese formulierten Ziele und Erwartungen sind wichtig für den Coachee. Nicht deshalb, weil er sich im Coaching 1:1 daran orientieren soll. Aber sie helfen ihm, gezielt mit seiner vorgesetzten Person über dessen Erwartungen und Unsicherheiten zu kommunizieren. Dies schafft auf beiden Seiten Sicherheit und das gegenseitige Vertrauen wird ausgebaut.

Was aber ist, wenn der Vorgesetzte eine lange Liste an Entwicklungsfeldern mitbringt, obwohl er den Coachee nur von der Rekrutierungsphase kennt? Eine Hypothese ist, dass die formulierten Ziele auch etwas mit der Unsicherheit des Vorgesetzten zu tun haben. Unsicherheiten, die in der Rekrutierung nicht abschließend beseitigt werden konnten, werden hier als Entwicklungsfelder benannt z. B. Kann er vor Gremien seine Sichtweise auf eine gute Art und Weise vertreten?; Kann er sich durchsetzen oder wird er immer überstimmt?; Kann er auch unangenehme Entscheide in seinem Team kommunizieren? In diesem Fall muss im Coaching überprüft werden, wo der Coachee einen echten Entwicklungsbedarf hat und wo es ggf. eher darum geht, seinen Vorgesetzten die Unsicherheiten bezüglich seiner Person zu nehmen.

Im **zweiten Teil** (ohne den Vorgesetzten des Coachees) geht es um die persönliche Zieldefinition. Die Praxis zeigt, dass viele neue Führungskräfte nicht wissen, wofür sie das Coaching nutzen können. Dadurch können sie oft keine konkreten Ziele oder Erwartungen formulieren. Sie geben an, dass eigentlich alles gut läuft. Dafür gibt es aus unserer Sicht mehrere Gründe:

1. Häufig handelt es sich um ein Angebot (bspw. der Personalentwicklung) an die neue Führung, welches – mit Ausnahme der Zeitinvestition – mit keinen weiteren Kosten verbunden ist. Das heißt, „man kann es ja einfach mal probieren".
2. In vielen Fällen empfiehlt der Vorgesetzte, das Coaching zum Führungsstart in Anspruch zu nehmen.
3. Häufig handelt es sich um junge, noch coachingunerfahrene Personen, die wenig über diese Maßnahme wissen.

Jede Anfangssituation in der Führung hat jedoch seine Eigenheiten und Herausforderungen. Die Zeit drängt, die richtigen Maßnahmen und Entscheidungen zu treffen. Herausforderungen, die am Anfang nicht gut gemeistert wurden, treten später umso stärker hervor. Gibt der Coachee an, keine konkreten Anliegen und Fragen zu haben, wäre als Coach hier Ihr Auftrag eigentlich beendet, denn ohne Auftrag kein Coaching. Im Coaching zum Führungsstart wird ohne Fragestellung des Coachees an der übergeordneten Zielsetzung, dem schnellen Ankommen in der neuen Rolle, gearbeitet. Sie begeben sich als Coach gemeinsam mit dem Coachee auf die Suche nach seinen individuellen Herausforderungen und priorisieren diese.

In Tab. 5.1 finden Sie dazu einen Leitfaden für eine strukturierte Befragung des Coachees. Die in der Tabelle dargestellten Elemente thematisieren wir je nach Situation und Hintergrund mehr oder weniger ausführlich in jedem Coaching zum Führungsstart. Gut eignet sich, dass der Coachee zuerst etwas über sich sagt, z. B. über seinen (beruflichen) Werdegang, die jetzige Funktion und seine Aufgaben sowie damit verbundene Erwartungen, Wünsche, Sorgen und Ängste. Dadurch wird das Eis gebrochen. Anhand des Organigramms kann der Coachee seine Einbettung in die Organisation und das Verhältnis zur vorgesetzten Person, Peers und anderen relevanten Stakeholdern erläutern. Der Coach stellt Fragen zum Team, zum Vorgesetzten und zu den Peers. Häufig wird hier bereits über die Rolle als Führungskraft gesprochen. Ein Fallstrick für den Coach ist es planlos in eine Fallbearbeitung einzusteigen, weil der Coachee alles erzählen möchte, was ihn gerade beschäftigt. Es geht zunächst darum, nur solange nachzufragen, bis Sie verstanden haben, was der Coachee meint. Erwähnen Sie, dass es in der ersten Phase des Gesprächs um die Sammlung möglicher Herausforderungen geht und noch nicht um die eigentliche Bearbeitung. Das beschriebene Vorgehen kann sich manchmal sogar über die ersten beiden Coachingsitzungen erstrecken.

Nachdem systematisch die Themen Person, Organisation und Rolle besprochen wurden, gibt der Coach Feedback, was ihm aufgefallen ist. Gemeinsam präzisieren Coach und Coachee die Aussage so lange, bis sie treffend ist. Daraus ergibt sich eine Sammlung von Fragestellungen, die für den Coachee relevant sind. Der Fokus bei der Bearbeitung liegt auf der wichtigsten und der dringendsten Fragestellung. Wo ist der größte Handlungsbedarf, was sollte so schnell wie möglich angegangen werden? Es zeigt sich, dass eine relativ hohe Strukturierung zumindest in den ersten beiden Gesprächen vielen Coachees Sicherheit gibt. Ohnehin ist für sie gerade fast alles neu und nicht Wenige sind verunsichert in Bezug auf das Coaching, da sie nicht wissen, was sie erwartet.

Lassen Sie sich genügend Zeit für den Abschluss des ersten Termins. Zuerst werden das Coaching und die Zusammenarbeit ausgewertet. Hier haben sich Skalierungsfragen sehr bewährt (z. B. „Auf einer Skala von 1 bis 10, wie gut fühlen Sie sich in Ihrer neuen Rolle bereits angekommen?" Warum sind Sie schon auf einer x? Und was braucht es jetzt noch, um einen Schritt (x + 1) weiterzukommen?). Der Coachee soll sich nach dem Gespräch Gedanken machen, ob die Form des Lernens und auch der Coach als Person stimmig sind. Dann bespricht der Coach das weitere Vorgehen wie z. B. eine Vorbereitung auf das nächste Coaching.

Tab. 5.1   Leitfragen fürs Erstgespräch eines Coachings zum Führungsstart

Person

Fragen	Hinweis fürs Coaching
Erzählen Sie mir etwas über sich. Was waren Ihre wichtigsten beruflichen Stationen? Wann sind Sie ins Unternehmen gekommen? Warum haben Sie das Unternehmen gewechselt? Wie sind Sie in diese Funktion gekommen? Wie hat sich die Beförderung angefühlt? Worauf freuen Sie sich? Welche Befürchtungen/Ängste haben Sie bezüglich der neuen Aufgabe?	Dies ist der Eisbrecher. Der erste Teil des Gesprächs zusammen mit der vorgesetzten Person war sehr formell. Hier wird das Versprechen, dass es im Coaching um den Coachee geht, das erste Mal umgesetzt. Es hat sich bewährt hier so offen wie möglich zu fragen. Achten Sie darauf, was und wie etwas erzählt wird. Nutzen Sie diese biografischen Informationen, um dem Coachee seine Kompetenzen bewusst zu machen. Lassen Sie auch Raum für Erzählungen zur privaten Person und nutzen Sie diese wiederum für die Stärkung der Person. Hier erhält man Hinweise zu folgendem: • Biografische Informationen • Vorbilder – positiv und negativ in der Führung erlebt • Vorerfahrung in Führung z. B. als Projektleiter

Organisation

Fragen	Hinweis fürs Coaching
Bitte stellen Sie mir Ihr Organigramm vor. Wo ist Ihre Abteilung eingebettet? Haben Sie einen Stellvertreter? Was sind die Ziele Ihres Teams? Welchen Dienstleistungsauftrag haben Sie? Wie viele Mitarbeiter führen Sie – wie viele arbeiten Voll- oder Teilzeit? Wie ist der Teamzusammenhalt, wie erleben Sie die Teamkultur? Gibt es Konflikte im Team?	Die Besprechung entlang des Organigramms gibt dem Coachee und dem Coach eine Struktur. Der Coach erhält dadurch sehr viele Informationen und kann bei Ungereimtheiten konkret nachfragen. Hier erhält man Hinweise und Informationen zu folgendem: • Teamsituation und -struktur, Einbettung in der Organisation, Arbeitslast, Herausforderungen im Alltag, schwierige Mitarbeiter werden benannt • Herausforderungen z. B. Mitarbeiter versuchen Arbeit zurück zu delegieren usw.

(Fortsetzung)

Tab. 5.1   (Fortsetzung)

Organisation

Fragen	Hinweis fürs Coaching
Wie ist die Zusammenarbeit mit Ihrem Vorgesetzten? Haben Sie bereits über die gegenseitigen Erwartungen gesprochen? Welche Unterstützung gibt er Ihnen (nicht)? Wer sind Ihre Peers? Wie ist die Zusammenarbeit mit den Peers? Mit welchen anderen Abteilungen arbeiten Sie zusammen? Welche sind wichtige Stakeholder?	• Informationen zu Vorgesetzten und dessen Unterstützung beziehungsweise Erwartungsdruck • Passung eigenes Führungsverständnis mit dem des Vorgesetzten • Wie steht der Coachee zur Kultur, zu den Werten des Unternehmens. Wo sieht er Diskrepanzen zwischen geschriebenen und gelebten Werten • Informationen zum Leitungsteam • Informationen über die wichtigsten Stakeholder?

Rolle

Fragen	Hinweis fürs Coaching
Was waren Ihre ersten Schritte im Team? Wie haben Sie den Start, die erste Begegnung im Team gestaltet? Haben Sie Kennenlerngespräche durchgeführt oder geplant? Was war der Inhalt des Kennenlerngesprächs? Welche Erkenntnisse nehmen Sie aus diesen Gesprächen mit? Trauen Sie sich diese Rolle zu?	Hier erhält man Hinweise und Informationen zu folgendem: • Wie gestaltete die neue Führungskraft den Start? • Wie wurde er vom Team aufgenommen? • Traut er sich diese Rolle zu? • Gibt es einen Einführungsplan für die neue Führungskraft? • Wurde bereits über Erwartungen gesprochen? Oft fragt die neue Führungskraft, was die Mitarbeiter für Erwartungen an ihn haben, ohne dass er selber seine Erwartungen ans Team, an die einzelne Person formuliert.
Führen Sie regelmäßige Einzelbesprechungen und Teamsitzungen durch? Welche anderen Führungsinstrumente wollen Sie nutzen? Was ist der Anteil Führungsarbeit vs. operativer Arbeit? Ist das realistisch? Was möchten Sie gemeinsam mit Ihrem Team erreichen?	• Informationen zur Kommunikationsgestaltung innerhalb des Teams • Plant die Führungskraft genügend Zeit für die Führungsarbeit ein? Ist ihm das Operative oder die Führungsarbeit wichtiger? Ist die Planung generell realistisch? Ist die Führungsaufgabe als Ziel definiert? • Teilweise bereits Informationen zu Visionen, Neuausrichtungs- oder Veränderungsideen

(Fortsetzung)

Tab. 5.1 (Fortsetzung)

Rolle	
Fragen	Hinweis fürs Coaching
Erwartungen/Ziele des Coachees ans Coaching	Der Vorgesetzte hat die Erwartungen und Ziele bereits benannt. Die Erwartungen und Ziele des Coachees kann man vor oder nach dem „Abklopfen" erfragen. Wichtig ist dabei die Ziele und Erwartungen der vorgesetzten Person und des Coachees zu vergleichen und gegebenenfalls in Einklang zu bringen.

5.2 Selbstreflexion in Bezug auf Führung

Thematisieren Sie insbesondere bei jüngeren, neuen Führungskräften, die sich noch wenig mit dem Thema Führung beschäftigt haben, die Auseinandersetzung mit der Führungsrolle. Es geht um die Bearbeitung von Fragen wie:

• Wie möchte ich als Führungskraft sein? Wie möchte ich von meinen Mitarbeitern als Führungskraft wahrgenommen werden? Um es hier etwas weniger theoretisch zu machen, können Sie den Coachee auffordern, sich an eine besonders gute und eine besonders schlechte Führungskraft, die er erlebt hat, zu erinnern und zu beschreiben, was diese ausgemacht hat.
• Was ist mir wichtig in der Führung? Sie können Input zu verschiedenen Führungsstilen geben und daraus gemeinsam mit dem Coachee die ihm wichtigen Prinzipien ableiten. Daran anschließen können Sie einen „Realitätscheck", d. h. bestimmte Führungssituationen, die der Coachee schon erlebt hat besprechen und schauen inwieweit er seine ihm wichtigen Prinzipien schon umsetzen konnte bzw. aus welchen Gründen er sie noch nicht anwenden konnte. Natürlich können Sie hier auch ihre Beobachtungen über den Coachee in Form von Feedback einfließen lassen. Gibt es im Unternehmen der Führungskraft definierte Unternehmenswerte und Führungsrichtlinien? Reflektieren Sie mit ihrem Coachee, was diese für ihn bedeuten und wie er selber diese umsetzt. Setzt die neue Führungskraft sich in Bezug zu solchen Werten, kann sie diese dem Team viel glaubwürdiger vermitteln, als wenn diese lediglich auf Folien stehen oder an den Wänden aufgehängt werden.
• Welche Erwartungen habe ich an meine Mitarbeiter? Was ist mein Beitrag, damit meine Mitarbeiter meine Erwartungen erfüllen können? Welche

Erwartungen habe ich nicht? Auf welche Erwartungen stoße ich aber auch bei den Mitarbeitern und wie möchte ich auf diese reagieren? Welche Erwartungen habe ich an mich selbst? Sie helfen dem Coachee, wenn Sie ganz klar machen, dass nicht alle Erwartungen zu erfüllen sind. Wichtig ist, dass sie explizit auf dem Tisch liegen. Dann ist es möglich, Erwartungen umzudefinieren oder zu verdeutlichen, welche man nicht erfüllen kann oder will.

- Was hat mich bisher erfolgreich gemacht? Hier können Sie noch spezifisch nachhaken, d. h. sie lassen sich vom Coachee einige Herausforderungen beschreiben, die er in der Vergangenheit erfolgreich bewältigt hat. Zu jeder Herausforderung wird besprochen: Was genau war ihre Aufgabe? Was war das Resultat? Und welche Stärken (Fähigkeiten, Interessen, Talente etc.) mussten Sie einbringen, damit sie die Aufgabe so erfolgreich bewältigen konnten? So stärken Sie das Erleben von Ressourcen. Sie können dann mit dem Coachee erörtern inwiefern er von seinen Stärken profitiert und welche Fähigkeiten er weniger einbringen kann. Welche Kompetenz muss er sich zusätzlich aneignen oder vertiefen?

5.3   Hinweise zur Unterstützung von „Kaminaufsteigern"

Ganz spezielle Herausforderungen haben neue Führungskräfte, die im gleichen Team vom Mitarbeiter zum Teamleiter aufsteigen. Einerseits haben sie viele Vorteile und andererseits kommen zu den Fragestellungen, die neue Führungskräfte haben, einige sehr erschwerende Herausforderungen dazu. Der große Vorteil der Kaminaufsteiger ist, dass sie ihren Geschäftsbereich, die Kultur und die informellen Spielregeln sehr gut kennen. So kann manches Fettnäpfchen umschifft werden. Zumindest fachlich werden sie meistens von ihrem Vorgesetzten, Peers und den eigenen Mitarbeitern akzeptiert.

Die größte Herausforderung ist der eigentliche Rollenwechsel. Auf der einen Seite freuen sich alte Teamkollegen oft, dass einer von ihnen befördert worden ist. Sie möchten aber nicht, dass sich etwas in der Beziehung zum ehemaligen Kollegen verändert. Sie versuchen die neue Führungskraft als ihren Verbündeten an das Team zu binden und für ihre Interessen einzuspannen. Erschwerend wird der Rollenwechsel, wenn die neue Führungskraft weiterhin im Tagesgeschäft mitarbeitet. Auf der anderen Seite gibt es „Neider", die sich der neuen Führungskraft mehr oder weniger offensichtlich in den Weg stellen. Das Coaching unterstützt den „Kaminaufsteiger" indem er gemeinsam mit dem Coachee seine alten

und neuen Aufgaben bespricht. Dies erleichtert dem Coachee Aufgaben an seine
ehemaligen Kollegen zu delegieren, da er es gut begründen kann. Eine andere
Herausforderung ist der Umgang mit den Peers. Nachdem der „Kaminaufsteiger"
den Rollenwechsel vollzogen hat, kann es oft „einsam" werden. Die alten Seil-
schaften oder Freundschaften werden sich spätestens dann ändern, wenn er konkret von einem ehemaligen Kollegen etwas erwartet, dass dieser nicht tun will.
Hier kann der Coach ermuntern, das Netzwerk auszubauen und an so vielen Treffen auf der gleichen Hierarchiestufe teilzunehmen wie möglich. So lernt der Coachee Peers kennen und kann sich mit ihnen austauschen (vgl. Schreyögg 2010).

5.3.1   6 Fallstricke, die der Kaminaufsteiger vermeiden sollte

Der Coach bespricht die Fallstricke proaktiv mit dem Coachee und gemeinsam
suchen sie nach guten Lösungen und Vorgehensweisen.

Fallstrick 1 Versprechungen
In der ersten Euphorie versprechen die neuen Führungskräfte ihren alten Kollegen, dass sie sich für ihre Interessen voll und ganz einsetzen werden. Oft geht es
hier um bessere Arbeitsbedingungen. Schnell merken die neuen Führungskräfte,
dass diese Versprechungen voreilig waren und sich nicht einfach umsetzen lassen,
weil die Interessen der Organisation nicht genug berücksichtigt wurden.

Fallstrick 2 Ein Mitarbeiter zieht nicht mit/Intrigenspiele
Ein Mitarbeiter zeigt Widerstände z. B. macht nur noch Dienst nach Vorschrift.
Er zeigt sich gereizt und antwortet teilweise sehr schroff. Er versucht andere Kollegen auf seine Seite zu ziehen, lästert öffentlich oder versteckt über den ehemaligen Kollegen. War er am Anfang mit seiner Kritik noch zurückhaltend, hält
er sich immer weniger zurück.
   Die neue Führungskraft muss hier so schnell wie möglich das Gespräch mit
dem betroffenen Mitarbeiter suchen. So verhindert sie, dass sich das Arbeitsklima
durch die Stimmung eines Einzelnen zusehends verschlechtert bis am Schluss
alle ehemaligen Kollegen sich gegen sie verbünden. Ein anderer wichtiger Schritt
ist einen Start-Workshop, nach ca. einem oder zwei Monaten durchzuführen.
Der Fokus liegt dabei auf der Gestaltung der Zusammenarbeit indem die gegenseitigen Erwartungen geklärt werden. So kann der unguten Dynamik den Wind
aus den Segeln genommen werden (siehe Abschn. 6.2).

Fallstrick 3 Neue Besen kehren gut
Die neue Führungskraft, voller Elan und mit den besten Absichten, verändert
bereits nach kurzer Zeit langjährige und eingespielte Arbeitsabläufe oder ändert
die Arbeitsverteilung. Sie sprudelt vor neuen Ideen. Dabei handelt sie eigen-
mächtig und ohne Rücksprache im Team.

Gerade bei dem „Kaminaufsteiger" ist die Versuchung groß, da er seinen
Geschäftsbereich und die vermeintlichen Schwachstellen kennt.

Es ist jedoch Vorsicht geboten. Ohne Rücksprache mit dem Team können sich
die Mitarbeiter von ihrer neuen Führungskraft übergangen und überrumpelt fühlen. Dies führt dazu, dass das Team die neue Führungskraft sehr schnell ablehnt.
Auch der Vorgesetzte der neuen Führungskraft reagiert nicht erfreut darauf, da
dieses Verhalten unnötige Unruhe im Team schafft.

Fallstrick 4 Freundschaft
Ein Kollege ist der beste Freund der neuen Führungskraft. Vielleicht treffen sich
auch die Familien.

Die neue Führungskraft muss dies zeitnah oder sogar vor der Beförderung mit
dem Freund thematisieren. Beiden muss klar sein, wie sich die neue Rolle auf
die Freundschaft auswirken wird. Oft verändert sich die Freundschaft fundamen-
tal. Die Freundschaft muss neu gestaltet werden. Dies ist aber eine große Herausforderung, die nicht immer erfolgreich ist (siehe Fallbeispiel Abschn. 7.3).

Fallstrick 5 Alles selber lösen und Rückdelegation
Die neue Führungskraft hat Hemmungen Aufgaben auf die ehemaligen Kollegen
zu verteilen. „Die haben so viel zu tun". Wenn ihre Mitarbeiter eine Frage haben,
nimmt sie diese entgegen und verspricht Lösungen zu suchen. Mit der Zeit stauen
sich die alten und neuen Aufgaben. Die neue Führungskraft kann die Führungsarbeit nicht mehr leisten.

Sie muss lernen, die Aufgaben ohne schlechtes Gewissen auf das ganze Team
zu verteilen. Bei Fragen aus dem Team unterstützt sie, übernimmt die Lösungs-
suche aber nur im Notfall (vgl. Kohlmann-Scheerer 2004).

5.4   Teamaufstellung in 3 Phasen

Die neuen Führungskräfte machen sich oft wenig strukturierte Überlegungen zum
Team. Sie wollen zuerst einmal von allen Teammitgliedern akzeptiert werden.
Die Aufgabenverteilung und die Konfliktherde sind ihnen schnell bekannt. Das
bewusste Auseinandersetzen mit den einzelnen Teammitgliedern hat für sie nur

dann eine Bedeutung, wenn es Probleme innerhalb vom Team gibt oder das Team die neue Führungskraft nicht akzeptiert.

Wir regen im Coaching häufig eine Aufstellung des Teams an, um die systematische Auseinandersetzung mit den Teammitgliedern und den Dynamiken zu fördern. Die Erfahrung zeigt, dass die neue Führungskraft sehr viele Informationen aus der Aufstellung erhält. Viele neue Führungskräfte sind gerade in der Anfangsphase sehr auf sich selber bezogen. Die Aufstellung hilft, die Perspektive zu erweitern. Zudem wird ihnen bewusst, dass es in der Führung nicht darum geht, jeden Mitarbeiter genau gleich zu behandeln. Sie lernen spezifischer und differenzierter auf jeden Mitarbeiter einzugehen in Abhängigkeit von Stärken, Ausgangslage, Funktion, Hintergrund usw. Die Aufstellung kann mit Karten, Figuren oder Flemo (siehe Abb. 5.1) erfolgen.

Ohne zusätzliches Material kann die Aufstellung auf ein großes Papierblatt gezeichnet werden. Wir bevorzugen die Aufstellung mit kleinen Figuren, da diese ausdrucksstärker ist als eine reine Zeichnung. Der unten dargestellte Ablauf erfolgte mit Figuren. Dieser lässt sich jedoch auf alle oben genannten Materialvarianten anwenden.

5.4.1 Phase 1: IST-Aufstellung

Schritt 1: Der Coachee wählt für jedes Teammitglied eine Figur.

Schritt 2: Er stellt die erste Figur auf das Brett, das die Systemgrenze darstellt. Die Leitfragen dazu sind:

Wer ist diese Person? Was zeichnet diese aus? Gibt es nennenswerte Besonderheiten? Geschlecht? Alter? Beschäftigungsgrad? Was für eine

Abb. 5.1 Beispiel einer Aufstellung mit Flemo

Leistungsträgerin ist sie? Welche Stellung im Team hat sie? Mit wem arbeitet sie eng zusammen? Mit wem hat sie weniger Kontakt oder gar Probleme in der Zusammenarbeit?

Bei der ersten Runde sind manche Coachees überrascht über die Frage zur Leistungsfähigkeit des Mitarbeiters und scheuen sich bei ungenügenden Leistungen dies zu äußern.

Es ist zudem interessant zu beobachten, mit welcher Person gestartet wird. Zumeist stellen Coachees ihre eigene Person als erste oder letzte Figur auf. Unsere Erfahrung zeigt, dass Führungskräfte, die sich selber als erstes aufstellen, häufig noch sehr mit sich beschäftigt sind.

Schritt 3: Dann werden alle weiteren Figuren aufgestellt und die Leitfragen beantwortet.

Nicht selten kommt es vor, dass die Führungskraft vergisst, ein Teammitglied aufzustellen. Passiert dies, reagieren die Führungskräfte sehr betroffen. Die Wirkung der Aufstellung ist in diesem Fall nachhaltig. Die Erklärungen dazu immer sehr ausgiebig.

Der Coachee wird zudem aufgefordert, die Figuren so zu stellen, dass die Beziehungen der Teammitglieder untereinander (Nähe-Distanz) repräsentiert werden. Auch soll er etwas über die Qualität der Beziehung sagen (positiv, problembehaftet, neutral).

Als nächstes wird die Aufstellung von verschiedenen Blickwinkeln und Tischpositionen angeschaut und reflektiert: Was fällt auf'? Was überrascht? Was war dem Coachee nicht bewusst?

Veranlassen Sie den Coachee ein Foto von der Aufstellung zu machen.

5.4.2 Phase 2: Soll-Aufstellung oder „wo will ich mit meinem Team hin?"

Der Coach verändert die Aufstellung und legt den Fokus dieses Mal auf die Zukunft. Dabei probiert er verschiedene Varianten aus, bis er diejenige gefunden hat, die für ihn die schlüssigste ist. Wieder wird die Aufstellung von verschiedenen Perspektiven betrachtet und reflektiert. Veranlassen Sie den Coachee auch dieses Mal ein Foto von der Aufstellung zu machen.

5.4.3 Phase 3: Maßnahmen definieren

Anhand der Soll-Aufstellung lassen sich Maßnahmen ableiten, um entsprechende Entwicklungsschritte angehen zu können. Zudem lassen sich die Informationen für den Start-Workshop nutzen.

5.4.4   Wirkung der Aufstellung

Die Aufstellung verändert den Blickwinkel der neuen Führungskraft teilweise sehr. Sie erhält detaillierte Informationen:

- über ihr Team
- über sich selber
- über ihr Beziehungsnetz innerhalb ihres Teams, Konstellationen und mögliche Handlungsfelder.

Generell wird dem Coachee der Umgang mit dem Team bewusster. Er ist besser in der Lage die Zusammenarbeit aktiv zu gestalten und zu steuern. (vgl. Polt, W. und Rimser, M. 2006).

Fallbeispiel: Ich mag meine Mitarbeiterin nicht
Ein junger, neuer Teamleiter stellt sein Team auf. Zwei Mitarbeiterinnen stehen außerhalb des Brettes und somit außerhalb der Systemgrenze. Die eine Mitarbeiterin sei schwanger und werde in Kürze das Team verlassen. Die zweite Mitarbeiterin sei eine Außenseiterin. Sie sei nett, arbeite mehr oder weniger konstant. Der Coachee war zu höflich, um abfällig über sie zu reden. Dennoch wurde vor allem nonverbal (Gesichtsausdruck, Augen nach unten gerichtet) klar, dass er Mühe mit dieser Mitarbeiterin hat.

Bei der Soll-Aufstellung stellte er diese Mitarbeiterin in eine Ecke des Aufstellungsbrettes, hinter sich. Sie schaute zum Team. Er kehrte ihr den Rücken zu (siehe Abb. 5.2).

Der Coach forderte den Coachee auf, seine Figur neben der Figur dieser Mitarbeiterin zu stellen. Nachdem er seine Figur positioniert hatte, setzt er sie sofort wieder auf den alten Platz. Der Coach fragte, wie es sich denn außen am Rand angefühlt habe. Der Coachee fand es sehr unangenehm, fast nicht zum Aushalten. Die Frage des Coaches war, wie sich wohl die Mitarbeiterin an dieser Position fühle. Er antwortet, ja wahrscheinlich nicht besonders gut. Aber dieser Platz sei genau richtig. Er möchte nicht, dass sie näher zu ihm oder zum Team komme. Sie verbreite eine schlechte Stimmung. Sie opponiere auch gegen ihn. Der Coach fragte, ob er diese Mitarbeiterin nicht möge. Dies stritt er vehement ab. Er finde die Aufstellung sowieso übertrieben. Es sei egal, wer wo stehe. Die Vehemenz und Schnelligkeit dieser Abwehrreaktion zeigte dem Coach, dass er hier richtig lag.

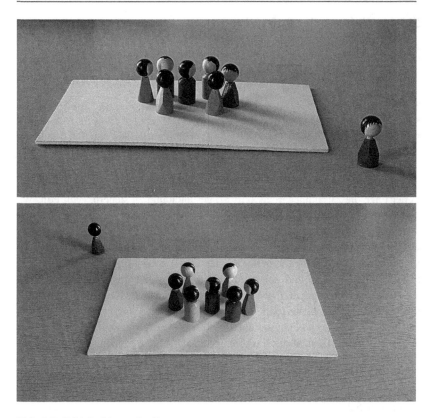

Abb. 5.2 Bild der Teamaufstellung

Fazit: Die Aufstellung hat dem Coachee bewusst gemacht, dass er die Mitarbeiterin nicht mochte. Er hatte sich dies zuvor nicht eingestanden, vermutlich weil es nicht mit seinem Wert der Gleichbehandlung übereinstimmte. Er hatte an sich den Anspruch, dass es in seinem Team harmonisch zugehen sollte. So half die Vorgehensweise im Coaching einen schwelenden inneren Konflikt offensichtlich zu machen. Im Nachhinein wurde klar, dass seine Intuition, dieser Mitarbeiterin nicht zu vertrauen, richtig gewesen war. Kurz vor ihrem Austritt aus der Organisation fand der Coachee heraus, dass die Mitarbeiterin ihre Arbeitszeit manipuliert und zu viele Arbeitsstunden notiert hatte.

5.5 Netzwerkanalyse und -arbeit

Viele neue Führungskräfte haben sich nicht mit ihrem Netzwerk auseinandergesetzt. Sie sehen hier kein unmittelbares Handlungsfeld. Wir empfehlen eine Stakeholderanalyse durchzuführen, ähnlich wie sie im Rahmen von Projekt- oder Change Management angewendet wird. Dadurch wird die Perspektive erweitert und die Voraussetzungen für ein systematisches Management der wichtigsten Anspruchsgruppen geschaffen. Es werden nützliche Kontakte für die eigene Arbeit oder die Abteilung sichtbar. Der Coachee wird aufgefordert, alle wichtigen Abteilungen aufzulisten, die für die Arbeitsabwicklung eine Rolle spielen und deren Ansprechperson zu definieren. Zudem werden relevante Beziehungen außerhalb der Organisation betrachtet. Die Frage dazu lautet: „Welche Abteilungen und/oder Ansprechpartner sind wichtig, damit sie mit ihrem Team eine optimale Leistung erbringen können". Der Coachee kann hier bspw. jede relevante Abteilung mit der jeweiligen Ansprechperson auf eine Moderationskarte schreiben.

Die Karten können dann ähnlich wie in der Teamaufstellung rund um das eigene Team positioniert werden. Der Coachee schätzt die Stärke des Einflusses (groß/mittel/klein) jedes Ansprechpartners auf den Erfolg seines Teams ein. Weiterhin soll er die Qualität der Beziehung benennen und beschreiben (positiv/neutral/negativ/unbekannt). Es geht hier primär um die Beziehung zwischen Führungskraft und Ansprechpartner. Aus dieser Analyse wird der größte Handlungsbedarf sichtbar. Für die wichtigsten Stakeholder werden im Anschluss Maßnahmen definiert und der Kommunikationsbedarf wird festgelegt. Es sollte dabei nicht nur die Beziehung des Coachees zum Stakeholder betrachtet werden, sondern auch die Beziehungen der Stakeholder untereinander. Dies ist relevant für die Art der Maßnahmen. Der Coachee kann das Instrument der Stakeholderanalyse auch nach dem Coaching in regelmäßigen Abständen anwenden, um den Umsetzungsgrad der Maßnahmen zu überprüfen (in Anlehnung an Weiand 2016).

Fallbeispiel „Netzwerkanalyse"
Im Folgenden wird die Stakeholderanalyse vorgestellt, die mit einem neuen Teamleiter eines Forschungs- und Entwicklungszentrums eines Industrieunternehmens erarbeitet wurde (Abb. 5.3).

Die erarbeiteten Maßnahmen zielten vor allem auf Beziehungen mit einer als schlecht bewerteten Qualität, die aber potenziell einen mittleren oder starken Einfluss auf den Erfolg des neuen Teamleiters hatten:

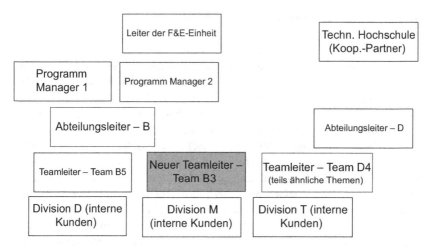

Abb. 5.3 Beispiel einer durchgeführten Stakeholderanalyse
In grün: Beziehungsqualität positiv; in gelb: Beziehungsqualität neutral; in rot:
Beziehungsqualität negativ
Die Größe der Schrift steht für die Stärke des Einflusses auf den Erfolg des Coachees

- Die als negativ eingeschätzte Beziehung zum Team D4 (insbesondere zum
  Teamleiter) lag u. a. darin begründet, dass beide Teams an teilweise sehr ähn-
  lichen Themen arbeiteten und somit in Konkurrenz standen. Eine Maßnahme
  war daher, dass der neue Teamleiter sein Team mittelfristig so ausrichtete,
  dass die Überschneidungen minimiert und Verantwortungsbereiche klarer
  abgegrenzt wurden.
- Eine weitere Maßnahme war, dass er beide Abteilungsleiter (seinen eigenen
  und den des anderen Teams) um Hilfe bat und aktiv Unterstützung einforderte.
- Auch wollte der neue Teamleiter sich an HR wenden und um eine neutrale
  Mediation bitten.

5.6   Visionsarbeit

Für Coachees, die im Hier und Jetzt mit sich und/oder aktuellen Problemen
absorbiert sind, kann es hilfreich sein, den Blick noch etwas zu erweitern. Wir
sind immer wieder erstaunt, wie überrascht neue Führungskräfte auf die Frage
„Wo möchten Sie mit ihrem Team in 2–3 Jahren stehen?" reagieren, nach dem
Motto: „Oh, das ist eine gute Frage, da habe ich mir noch gar keine Gedanken

gemacht". Gerade für Vorgesetzte von Fachteams oder für Führungskräfte von Führungskräften lohnt es sich, eine eigene Vision zu erarbeiten. In einem weiteren Schritt kann die Vision mit den Teammitgliedern überprüft und abgeglichen werden. Diese hilft nicht nur, sich und andere zu motivieren, sondern auch, sich klar zu positionieren, sich für etwas einzustehen und einzusetzen.

Wir stellen Ihnen zwei einfache, aber bewährte Vorgehensweisen zu Visionsarbeit vor.

5.6.1 Blick zurück in die Zukunft

Dem Coachee wird folgendes Szenario vorgestellt:

> „Es ist Ende 20xx (heute + 3-5 Jahre). Ihr Team ist das erfolgreichste Team im Unternehmen. Ihr Team wird von allen bewundert, jeder will zu Ihnen und Sie können sich vor Bewerbern kaum retten, keiner will von Ihnen weg. Heute werden Sie auf einer Pressekonferenz interviewt, denn die Presse möchte über Ihren Erfolg berichten. Dort werden Ihnen folgende Fragen gestellt:

- Wie sieht der Arbeitsalltag in Ihrem Team aus? An welchen Aufgaben arbeiten Sie zusammen?
- Was ist anders? Was haben Sie verändert?
- Wie ist das gelungen? Welche Schwierigkeiten haben Sie bewältigt?
- Welche Stärken haben Sie ausgebaut?
- Was hätten Sie tun müssen, um zu scheitern?
- Welche Maßnahmen haben Sie konkret umgesetzt?
- Welche Maßnahmen würden Sie aus heutiger Sicht sagen, waren die wirkungsvollsten?"

Diese Fragen eignen sich sowohl für ein Einzelcoaching als auch für einen Teamworkshop. Im Einzelcoaching können Sie, während der Coachee die Fragen beantwortet, die wichtigsten Punkte mitnotieren. Diese werten Sie im Anschluss mit dem Coachee aus und leiten ggf. direkt konkrete Maßnahmenideen ab. Im Teamworkshop können die Fragen zunächst in Kleingruppen bearbeitet werden, um sie dann zu konsolidieren (vgl. Röhrig 2008).

5.6.2 Erstellung einer Visionscollage

Eine andere Möglichkeit ist es, den Coachee ein Zukunftsbild seines Teams oder auch seiner Führungsarbeit erarbeiten zu lassen. Entweder malt er das Bild oder Sie lassen ihn eine Collage (zum Beispiel mit Bildern aus verschiedensten Zeitschriften oder Fotokarten) erstellen. Vielen Coachees fällt es viel leichter, ihre Wünsche und Erwartungen anhand von Bildern auszudrücken, als diese direkt in Worte zu fassen. Zudem ist die Visualisierung hilfreich für das Erreichen der Ziele. Wer seine Wünsche und Ziele vor Augen hat, hat eine ständige Erinnerung daran und ist somit fokussierter. Der Coachee wird also aufgefordert Fragen wie „Wie möchte ich in zwei Jahren führen?"; „Wie arbeiten wir im Team in zwei Jahren zusammen?"; „Wie arbeiten wir mit anderen Teams zusammen?" zu beantworten, indem er passende Bilder auswählt. Dies eignet sich sehr gut als Hausaufgabe. In der nächsten Sitzung kann der Coachee die Collage präsentieren und gemeinsam können Leitsätze abgeleitet werden.

5.7   Beratung individuelle Weiterbildung

Die Beratung und Empfehlung, welche Weiterbildungsmaßnahmen für die Führungskräfte wichtig sind, ist sinnvoll. Der Wechsel in die neue Position bedeutet einen neuen Beruf auszuüben. Oft hat der Coachee keine Führungsausbildung absolviert, da seine Ernennung zur Führungskraft sehr schnell erfolgte. Dadurch fehlen ihm die Basiskenntnisse der Führung. Das Coaching zum Führungsstart verschafft dem Coachee eine Verschnaufpause, in dem Sinne, dass der Grundstein für einen guten Einstieg in die Führung gelegt wird. Dennoch darf die weitere Entwicklung, die nächsten Schritte nach dem Coaching zum Führungsstart nicht aus den Augen gelassen werden. Dieses ist nur in Ausnahmefällen als Langzeitbegleitung ausgelegt z. B. wenn die Konflikte im Team noch nicht abschließend bearbeitet werden konnten.

Es ersetzt die Führungsausbildung nicht, ist aber eine gute Vorbereitung darauf. Der Coachee lernt im Coaching zu reflektieren und die ersten großen Hürden zu meistern. Die gemachten Führungserfahrungen kann er in die Ausbildung einbringen. Die Ausbildung wird dadurch praxisorientierter. Nachdem der Start gut erfolgt ist, die ersten Herausforderungen gemeistert sind, ist es Zeit, sich mit Gleichgesinnten zu vernetzen und zu lernen. Dadurch wird unter anderem auch die Eigenständigkeit des Coachees gefördert. Es besteht also nicht die Gefahr, dass die neue Führungskraft abhängig wird vom Coaching.

Der Coach hat zusammen mit dem Coachee Entwicklungsfelder definiert und daran gearbeitet. Wenn es in Richtung Abschluss des Coachings und Ausblick auf nächste Schritte geht, kann der Coach durchaus in die Expertenrolle eines Weiterbildungsberaters wechseln, sofern er über das nötige Wissen verfügt.

Exkurs: Erfolgsfaktoren beim Einstieg in die Führung

Aus unserer Erfahrung, wie auch aus der Literatur heraus, lassen sich eine Reihe von Maßnahmen ableiten, die die Wahrscheinlichkeit eines erfolgreichen Einstiegs in die neue Rolle deutlich erhöhen:

- Einstiegsgespräche
- Bewusster Umgang mit dem eigenen Vorgesetzten
- Start-Workshop
- Auseinandersetzung mit dem eigenen Geschäftsbereich
- Einsatz Führungsinstrumente

Diese kann der Coach immer wieder in Form von konkreten Tipps oder Ideen in das Gespräch einfließen lassen, wie bereits im Kap. 3 erwähnt. Da diese Best Practices von den Coachees als sehr hilfreich erlebt werden, stellen wir sie hier in Form eines Exkurses dar.

Einstiegsgespräche Wir empfehlen neuen Vorgesetzten, kurz vor Einstieg in die Führungsrolle oder kurz danach Einstiegsgespräche zu führen und zwar insbesondere mit dem eigenen Vorgesetzten (siehe dazu Kapitel „Umgang mit dem Vorgesetzten"), mit Peers und mit jedem Mitarbeiter. Das mag selbstverständlich klingen, ist es für Viele aber nicht. Nicht selten planen neue Führungskräfte zum Einstieg lediglich eine Email zu verfassen, dass sie jetzt neu in der Rolle sind. Das Kennenlerngespräch stellt die Zusammenarbeit auf eine andere Basis. Peers können zu Verbündeten werden. Hier ein Vertrauensverhältnis aufzubauen lohnt sich, denn gerade Peers können hilfreiche Unterstützung bieten und konkrete Tipps liefern.

Im Gespräch werden der Führungskraft zusätzliche Kompetenzen des einzelnen Mitarbeiters bewusst. Es werden von Anfang an gegenseitige Erwartungen geklärt und wenn die Führungskraft auch etwas über das private Umfeld weiß, kann sie bestimmte Verhaltensweisen besser verstehen und nachvollziehen. Wichtig ist

© Springer Fachmedien Wiesbaden GmbH, ein Teil von Springer Nature 2020
C. Mathier-Matter und A. Wittekind, *Coaching zum Führungsstart*, essentials,
https://doi.org/10.1007/978-3-658-28337-7_6

zudem, das Gespräch auch mit solchen Mitarbeitern zu führen, die die Führungskraft schon länger kennt und von denen sie vermeintlich viel weiß. In Bezug auf
den Inhalt macht es die Mischung zwischen privaten und geschäftlichen Themen
aus. In Tab. 6.1 finden Sie einen Leitfaden für ein Kennenlerngespräch mit Mitarbeitern. Je offener die Führungskraft ist, desto offener sind es die Mitarbeiter.

6.1 Bewusster Umgang mit dem eigenen Vorgesetzten

Der Vorgesetzte ist zentral, damit die neue Führungskraft einen guten Start in
der Organisation und insbesondere im Team hat. Der Vorgesetzte als Wissens-
träger, Führungsverantwortlicher und Sparringpartner trägt zur Identifikations-
findung sehr viel bei. Fettnäpfchen, Konflikte und übereilte schlechte Entscheide
können mit regelmäßigem Austausch minimiert werden. Regen Sie regelmäßige
Austauschtermine zwischen Coachee und dessen Vorgesetzten an. Die Austauschtermine sind dazu da, Fragen betreffend Daten und Fakten zur Organisation, zu der Abteilung (insbesondere der Klärung der Abteilungsziele) und zu
Prozessen zu erhalten (siehe dazu Abschn. 6.3). Aber nicht nur auf der Ebene
der Daten und Fakten ist der Austausch wichtig, sondern auch auf der persönlichen, politischen und informellen Ebene. Auf der persönlichen Ebene steht
die Beziehung zwischen dem Vorgesetzten und der neuen Führungskraft im
Fokus. Auf der politischen Ebene geht es darum, dass der Vorgesetzte dem
Coachee sein Netzwerk zur Verfügung stellt und ihm dadurch hilft, sein eige-
nes in nützlicher Zeit aufzubauen. Auf der informellen Ebene geht es darum,
ungeschriebene Regeln der Organisation weiterzugeben. Der Beziehungsauf-
bau und der enge Austausch mit dem eigenen Vorgesetzten und den Peers ist
ein wichtiger Baustein für einen guten Start und minimiert somit die Anlaufkurve. Bewährt hat sich, im ersten Monat jede Woche ein längeres Zeitfenster
für den Austausch zu reservieren. Später kann der Rhythmus den Bedürf-
nissen beider Seiten angepasst werden. Oft endet diese intensive Phase nach
ca. drei Monaten, weil die Führungskraft dann über genügend Wissen verfügt,
um Entscheide sicher zu fällen.

Dieses Vorgehen funktioniert dann gut, wenn der Vorgesetzte die neue
Führungskraft unterstützen kann und will. Kommen beim Coachee jedoch Zwei-
fel in Bezug auf seinen Vorgesetzten, sollte dies im Coaching vertieft bearbeitet
werden. Hier gibt es keine Patentlösungen, da die Dynamiken sehr unterschiedlich
sind.

Tab. 6.1 Leitfaden Kennenlerngespräch

Kennenlernen – berufliches Umfeld/ Zusammenarbeit	• Was waren Ihre wichtigsten (beruflichen) Stationen bis heute? • Welche Aus- und Weiterbildungen haben Sie absolviert? • Welche besonderen Kenntnisse/Interessen haben Sie? • Was ist Ihnen bei der Arbeit ganz besonders wichtig? • Was mögen Sie besonders an der aktuellen Aufgabe? • Was können Sie gut einbringen? Welche Kenntnisse/Interessen können Sie weniger nutzen? • Gibt es in Ihrem beruflichen Umfeld etwas, auf das ich achten müsste (z. B. Weiterbildungen, Verpflichtungen in anderen Abteilungen etc.)? Vorstellung der Führungskraft: • Informationen über den eigenen Werdegang – nur die wichtigsten Stationen • Das ist mir in der Arbeit besonders wichtig… • An diesen Dingen arbeite ich besonders gerne… • Sonstiges… • Was möchten Sie sonst noch wissen? Zusammenarbeit • Was macht eine gute Zusammenarbeit aus (Sicht Mitarbeiter/Sicht Führungskraft)? • Wie gestalten wir unsere Zusammenarbeit? • Was sollten wir in der Zusammenarbeit unbedingt vermeiden?
Kennenlernen – privates Umfeld	Vorstellung der Führungskraft: • Mein Umfeld sieht folgendermaßen aus… • Meine Verpflichtungen sind… • Meine Hobbys und Interessen sind… • Für den täglichen Ausgleich zur Arbeit tue ich… • Was möchten Sie sonst noch gerne wissen? Fragen an den Mitarbeiter • Wie sieht Ihr privates Umfeld aus? • Was sind Ihre Hobbys/Interessen? • Was ist für Sie ein besonders guter Ausgleich zur Arbeit? • Auf was sollte ich besonders achten (z. B. Verpflichtungen)?
Erwartungen	• Was erwarten Sie von mir als Ihrem Vorgesetzten? Was erwarten Sie **nicht**? • Ich erwarte folgende Punkte…/Das erwarte ich **nicht**…
Überblick über die aktuelle Arbeitssituation	• Welches sind Ihre momentanen Aufgaben? • Auf was muss ich besonders achten (Termine, offene Punkte etc.)? • Überblick über neue/andersartige Aufgaben geben, auch wenn einiges noch unklar ist (verdeutlichen was schon fix ist und was noch unklar; keine falschen Versprechungen machen) • Regelung des Übergangs von alten zu neuen Aufgaben
Nächste Schritte	• Nächste Schritte festlegen z. B. was passiert mit den Ergebnissen? Plant die neue Führungskraft eine konsolidierte Rückmeldung ans Team?

Semler (2010)

6.2   Start-Workshop

Eine weitere Maßnahme, die wir neuen Führungskräften nahe legen ist die Durchführung eines Start-Workshops. Wir empfehlen grundsätzlich, dass die neue Führungskraft den Workshop selber moderiert. Dadurch steht sie im Mittelpunkt und kann sich als Führungskraft positionieren. In manchen Fällen bietet sich jedoch eine externe Moderation an, wenn z. B. schwelende oder offene Konflikte im Team vorhanden sind. Im Workshop geht es darum, dass sich das ganze Team noch besser kennenlernt. Indem das Team über Themen die der normale Arbeitsalltag nicht zulässt spricht, wird die Teambildung und das Vertrauen gefördert. Die Klärung der gegenseitigen Erwartungen ist ein wichtiger Bestandteil. Nicht selten wird besprochen, was jedem in der Zusammenarbeit wichtig ist und daraus Team-Regeln formuliert. Auch die Vision – wo wollen wir als Team in ca. zwei Jahren stehen? Wofür möchten wir im Unternehmen bekannt sein? – kann in so einem Workshop gemeinsam erarbeitet werden. Ein wichtiger Teil ist die Überprüfung der Führungsinstrumente z. B. passt der Rhythmus der Teamsitzungen noch oder muss er geändert werden?

Der Führungskraft bietet sich die Chance, sich gleichzeitig als Vorgesetzte und als Person zu positionieren und die Meinungen und Ideen der Mitarbeiter einzuholen. Wir empfehlen je nach Themen einen halben oder ganzen Arbeitstages zu investieren, denn so viel Zeit sollte sich das Team nehmen. Es lohnt sich für eine neue Führungskraft, diesen Start-Workshop mit einem Coach vorzubereiten. Zum einen geht es darum herauszufinden, was wichtig ist bzw. was er unbedingt transportieren möchte. Zum anderen können mit dem Workshop verbundene Befürchtungen thematisiert und mögliche schwierige Situationen antizipiert werden. Oft hören wir von der Führungskraft, nachdem sie den Start-Workshop durchgeführt hat, dass sie jetzt in der Führung angekommen ist. Das Debriefing des Workshops mit dem Coach ist oft auch der Abschluss des Coachings zum Führungsstarts. Trotzdem ist es für die Nachhaltigkeit wichtig, nach ca. 2 bis 3 Monaten ein Gespräch für die Bilanzierung abzumachen. In Tab. 6.2 finden sie ein beispielhaftes Workshop-Design.

Tab. 6.2 Leitfaden Start-Workshop

Zeit (ca.)	Was
09.00 10'[a]	**Begrüßung durch Teamleiter** • Begründung für den Workshop • Kurzrückblick, was ist bis jetzt gelaufen • Der Workshop hat sich für mich gelohnt, wenn… • Ziele und Agenda vorstellen • Workshop-Spielregeln, Ergänzungen durch Teilnehmer einholen
09.10 10'	**Erwartungen an den Workshop** Mögliche Leitfragen: • Wie seid ihr hier: müde-wach, unmotiviert-motiviert, unzufrieden-zufrieden? (jeweils auf einer Skala darstellen, jeder Teilnehmer klebt einen Punkt) • Was sind Ihre Erwartungen an den Workshop? • Was muss heute hier passieren, damit Sie sagen, der Workshop hat sich gelohnt (Mögliches Vorgehen: Kartenabfrage, Kleingruppenarbeit, Zuruf im Plenum)
09.20 20'	**Kennenlernen Variante 1: Team kennt sich gut** Auch wenn sich das Team kennt, ist es sinnvoll ein Warm-Up zu machen. Dies gibt den Teilnehmern die Gelegenheit anzukommen und bereitet diese auf den Tag vor. Alle beantworten im Plenum eine oder mehrere der untenstehenden Fragen • Was war mein meist geliebtes oder meist gehasstes Kleidungsstück als Kind? • Wie sieht bei mir ein typischer Sonntag Morgen aus? • Was darf in meinem Kühlschrank nicht fehlen? • …
	Variante 2: Team kennt sich nicht gut Falls das Team und der Vorgesetzte sich untereinander nicht gut kennen, ist es von Vorteil wenn Fragen zur Person und zum Werdegang gestellt werden Jeweils zwei Partner interviewen sich gegenseitig anhand von Leitfragen. Nach dem Interview stellt jeder seinen Interviewpartner vor • Was ist dein beruflicher Werdegang? • Was sind deine Hobbys? • Was macht dir an deiner Arbeit besonders Spaß? • Was ist dein nächstes Reiseziel? • …
09.40 20'	**Erwartungen des Vorgesetzten ans Team** Der Vorgesetzte beantwortet mittels Pinnwandkarten folgende Fragen: • Das ist mir wichtig in meiner Rolle als Führungskraft • Das sind meine Erwartungen an Sie (unabhängig davon, ob die Erwartungen schon erfüllt sind oder nicht). Hinweis: Die formulierten Erwartungen sollen konkret formuliert sein. Z. B. was genau verstehe ich unter transparenter Kommunikation. Je detaillierter der Vorgesetzte die Erwartungen beschreibt, umso konkreter werden die Mitarbeiter ihre Erwartungen formulieren • Diesen Beitrag leiste ich, damit Sie meine Erwartungen erfüllen können • Diese Besonderheiten gibt es in der Startphase zu beachten Klärungsfragen? Können alle mit den Erwartungen vom Vorgesetzten leben?

(Fortsetzung)

Tab. 6.2   (Fortsetzung)

Zeit (ca.)	Was
10.00 **20'**	**Kaffeepause**
10.20 35'	**Erwartungen des Teams an seinen Vorgesetzten** Teilnehmer schreiben ihre Erwartungen an den Vorgesetzten auf Pinnwand-karten und präsentieren diese anschließend einzeln • Das sind meine Erwartungen an „NAME Vorgesetzten" in seiner Rolle als Vor-gesetzten (unabhängig davon, ob die Erwartungen schon erfüllt sind oder nicht) • Das ist mein Beitrag, damit „NAME Vorgesetzten" meine Erwartungen erfüllen kann • Diese Besonderheiten gibt es für mich in der Startphase zu beachten Der Vorgesetzt nimmt zu den Erwartungen vom Team Stellung, indem er angibt mit welchen Erwartungen er einverstanden ist und bei welchen er nicht oder nur teilweise einverstanden ist Erwartungen Vorgesetzter und Team gegenüberstellen und Diskussion: Was fällt auf?, Was erstaunt uns?
10.55 25'	**Fokus auf Zusammenarbeit untereinander im Team** Jeder sucht sich ein Bild (können verschiedene Postkarten, oder auch eine Sammlung von Bildern sein), dass am besten zur Leitfrage passt: • Was ist mir wichtig, damit ich mich bei der Zusammenarbeit in einem Team wohl fühle und meinen Beitrag leisten kann? Jeder präsentiert sein Bild und sagt warum er es gewählt hat • Der Kollege rechts von ihm schreibt die genannten Punkte (1 Pinnwandkarte je Schlagwort) auf und pinnt diese an die Pinnwand. Derjenige, der die Karte präsentiert darf nachfragen, ergänzen oder präzisieren Gemeinsam Themen-Gruppen bilden • Alle Karten, die zum gleichen Thema gehören, untereinander kleben und Themen-Gruppen beschriften • Ergebnis reflektieren (Gemeinsamkeiten? Viel Verschiedenes?) Wenn genügend Zeit: Pro Hauptthema ein Leitsatz entwickeln
11.20 30'	**Organisatorisches** Was ist noch nicht geregelt und was können und sollten wir hier und jetzt regeln? • Stellvertretung • Ferien/Abwesenheiten • Team-Events (z. B. Weihnachtsessen, Geburtstage feiern usw.) • Homeoffice • Aufgabenverteilung • Wie gehen wir mit dem Informations-Fluss um? • Wie will ich Sitzungen gestalten? • Was muss/soll sonst noch geklärt werden? • Festlegen der weiteren Schritte z. B. Boxenstopp nach 100 Tagen • …

(Fortsetzung)

Tab. 6.2 (Fortsetzung)

Zeit (ca.)	Was
11.50 10'	**Transfermaßnahmen** • Welches sind die nächsten Schritte? Welche Maßnahmen bringen uns einen Schritt weiter? • Wer übernimmt für welche Themen Verantwortung? • Wie und wann überprüfen wir, ob die heute getroffenen Vereinbarungen, resp. kommunizierten Erwartungen gelebt werden? • Abschluss durch den Vorgesetzten
12.00 60–90'	**Abschluss und Mittagessen**

[a]Die geschätzten Zeiten sind für ein Team mit 8 bis 10 Mitarbeiter und müssen entsprechend der Teilnehmerzahl angepasst werden

6.3 Auseinandersetzung mit dem Geschäftsbereich

Wenn die Führungskraft in einen neuen Bereich wechselt, ist es wichtig, dass sie die Aufgaben der Abteilung versteht und weiß wie das Business in ihrem Bereich läuft. Vor allem wenn die neue Führungskraft branchenfremd ist, eine große Führungsspanne hat und nicht im Tagesgeschäft mitarbeitet, verleitet sie dies oft, dem Tagesgeschäft zu wenig Beachtung zu schenken. Wir empfehlen, Gespräche mit dem Vorgesetzten, dem Stellvertreter, anderen Peers, und weiteren Stakeholdern entlang der Prozesskette zu führen, mit dem Ziel, so viel wie möglich über die Organisation und die eigene Abteilung zu erfahren. Zudem bietet sich an, dass die neue Führungskraft bei ausgewählten Mitarbeitern einen Stage (Schnuppertage) absolviert. Die Mitarbeiter empfinden dies als wertschätzende Geste. Außerdem lernt der Vorgesetzte die Aufgaben und die entsprechenden Herausforderungen an der Basis kennen und nicht nur vom Hören sagen. Die neue Führungskraft sollte die Aufgaben der Abteilung nicht nur grob verstehen, sondern durchdringen. Nur so kann sie die Leistungen der einzelnen Mitarbeiter einschätzen. Indem sie gezielte Fragen zur Aufgabenverteilung, zur Ab- und Aufbauorganisation stellen kann, ist sie später in der Lage Prozesse, Arbeitsaufteilung und -abläufe zu optimieren. Die neue Führungskraft sollte sich genügend Zeit geben, um das Business wirklich zu verstehen, bevor sie Veränderungen anstößt. Zudem sollte sie Veränderungsideen mit dem Team besprechen und sich dann mit ihrem Vorgesetzten austauschen. (vgl. Metz und Rinck 2010).

6.4   Führungsinstrumente

Die wichtigsten Führungsinstrumente in der Startphase sind regelmäßige Einzel-besprechungen (Bilas) und Teamsitzungen. Eigentlich trivial, wir stellen aber immer wieder fest, dass die neue Führungskraft Bilas nur spontan einberuft, wenn es aus ihrer Sicht etwas zu besprechen gibt. In diesem Fall werden Bilas nur für kritische Rückmeldungen verwendet. Dadurch wird die Chance vertan, mit jedem einzelnen Mitarbeiter in Kontakt zu kommen. Gegenseitige Feedbackgespräche, Lob und eine regelmäßige Prüfung der Zielerreichung finden oft nicht oder nicht in einem geregelten Format statt. Wir empfehlen daher, solchen Bilas eine gewissen Struktur zu geben. Auch wenn die Agenda nur wenige Punkte enthält, hilft dies doch, dass die Besprechungen stattfinden. Gleichzeitig soll genügend Raum für flexible Gesprächsgestaltung bleiben.

Die Erfahrung zeigt, dass viele neue Führungskräfte Teamsitzungen als wich-tig erachten. Sie fühlen sich unsicher, wie sie diese Sitzungen gestalten und durchführen wollen, damit die Zeit gut genutzt wird. Die Gestaltung von Team-sitzungen ist ein geeignetes Thema für den Start-Workshop und kann darin par-tizipativ mit den Mitarbeiter erarbeitet werden. Alternativ erarbeitet die neue Führungskraft dies selber und holt sich gegebenenfalls Feedback vom Coach und vom Team ein. Anpassungen an Besprechungen oder Sitzungen in Struktur oder Rhythmus werden von vielen Mitarbeitern als hilfreiche Veränderungen erlebt. Die neue Führungskraft kann dadurch erste eigene unproblematische Setzungen machen.

Fallbeispiele

7

Aus den zahlreichen Coachings, die wir begleitet haben, haben wir typische Frage- bzw. Problemstellungen herausgefiltert, die in der einen oder anderen Form immer wieder vorkommen. Zu den wichtigsten stellen wir je ein typisches Fallbeispiel dar:

Typische Frage- bzw. Problemstellung	Entsprechendes Fallbeispiel
Der Vorgänger ist als Mitarbeiter im Team	Hilfe, meine ehemalige Teamleiterin ist in meinem Team
Führungsübergriffe durch den Vorgesetzten des Coachees	Was tun? – Führungsübergriff
Kaminaufsteiger – Enge Freunde sind im Team	Meine Freundin ist meine Mitarbeiterin
Eigentlich ist alles gut, keine Probleme	„Es ist alles gut" – oder doch nicht?
Wunsch, die Führungsrolle bzw. -verhalten zu reflektieren	Durch Selbstreflexion zum Erfolg

7.1 Hilfe, meine ehemalige Teamleiterin ist in meinem Team

In einer Reorganisation wurden zwei Teams zusammengelegt und ein Mitarbeiter aus einem der Teams wurde zum Teamleiter befördert (nennen wir ihn hier Herrn Mayer). Herr Mayer hatte bisher keine Führungserfahrung. Im neuen Team arbeiteten 16 Mitarbeiter. Die Teamleiterin des einen Teams (der beiden zusammengelegten Teams) verließ das Unternehmen nach dem Entscheid. Die andere

© Springer Fachmedien Wiesbaden GmbH, ein Teil von Springer Nature 2020
C. Mathier-Matter und A. Wittekind, *Coaching zum Führungsstart,* essentials,
https://doi.org/10.1007/978-3-658-28337-7_7

Teamleiterin entschied sich zu bleiben, und als Mitarbeiterin im neuen Team weiter zu arbeiten. Als Stellvertreterin wurde eine junge Frau, die ebenfalls noch keine Führungserfahrung hatte, ernannt (nennen wir sie Frau Künzi).

Herr Mayer, der neue Teamleiter, nahm das Coaching zum Führungsstart in Anspruch. Sein Vorgesetzter wollte, dass er das Coaching nutzte, um Konflikte im Team zu lösen und die Teamentwicklung für das zusammengelegte Team voranzubringen. Zudem sollte der Coach für Herrn Mayer ein Sparringpartner sein, damit er die schwierige Führungskonstellation besprechen konnte. Die Zusammenarbeit mit seiner Stellvertretung sollte geklärt werden. Ein bunter Blumenstrauß an Erwartungen und Zielen. Jedes Thema für sich wichtig und dringend für einen guten Start als Führungskraft. Die Ziele des Coachees waren auf den ersten Blick identisch. Das Hauptziel des Coachees war sicherer in der Führung zu werden, weil er Angst hatte zu versagen. Ihm war bewusst, dass es mutig war, unter den gegebenen Umständen diese Führungsfunktion wahrzunehmen. Er wollte unbedingt einen Karriereschritt weiterkommen und ihm war klar, dass es nicht einfach werden würde. Er wollte diese Chance jedoch nutzen.

Herr Mayer hatte aufgrund der Führungskonstellation in jeder Coachingsitzung sehr viele Anliegen. Konflikte im Team, Unsicherheiten und Abgrenzungsthemen mit der Stellvertretung und der ehemaligen Vorgesetzen, keine Führungserfahrung und daher wenig Handlungsalternativen im Umgang mit den Mitarbeitern und deren Forderungen. Die Zeit reichte selten, um alles zu bearbeiten. Aus Zeitdruck geriet der Coach immer öfter in die Expertenrolle und wurde zum Krisenberater. Der Coachee war häufig gestresst und wusste nicht weiter. Die Sitzungen liefen immer im gleichen Schema ab. Der Coachee erzählte, was gerade passiert war und wie er darauf reagiert hatte. Er fragte nach Handlungsempfehlungen, damit die Teamsituation nicht weiter eskalierte. Der Coach gab konkrete Ratschläge wie zum Beispiel, dass der Coachee auf E-Mails mit persönlichen Angriffen nicht mehr schriftlich reagieren, sondern unmittelbar das Gespräch suchen sollte. Herr Mayer schrieb sich alles auf und gab an, es umzusetzen. Kaum war die erste Fragestellung für ihn gelöst, kam die nächste Erzählung mit der Frage, was er tun solle.

Eine seiner größten Herausforderungen von Herrn Mayer war die Integration der ehemaligen Teamleiterin ins Team. In einem Coachinggespräch schilderte Herr Mayer folgenden Sachverhalt: Eine Mitarbeiterin kam zu ihm und erzählte, dass sie bei der ehemaligen Teamleiterin und jetzigen Mitarbeitern eine Ausnahmereglung abgemacht habe und sie keine Spätschicht machen müsse. Jetzt – bei ihm – sei sie diese Woche ein Mal und nächste Woche zwei Mal für die Spätschicht vorgesehen. Sie habe das auch gerade mit ihrer ehemaligen Teamleiterin besprochen. Diese finde, dass er, Herr Mayer, ihre Abmachungen nicht so einfach über den Haufen werfen könne. Herr Mayer fragte nach, ob es einen konkreten Grund geben würde, dass sie keine Spätschicht machen könne. Sie gab an, dass sie einmal in der Woche Gesangsausbildung habe und zwei bis drei Mal in der Woche abends nach dem Arbeiten mit einer Musikband probe. Zudem müsse sie keinen Telefondienst machen, weil sie das zu sehr ermüde.

Herr Mayer hatte ihr erklärt, dass er jetzt die Verantwortung habe. Er möchte nur in absolut begründeten Fällen Ausnahmeregelungen machen. Ein bis zwei Mal pro Woche bis 18.00 Uhr zu arbeiten, sei aus seiner Perspektive zumutbar. Ihm sei wichtig, alle Mitarbeiter gleich zu behandeln. Zudem erklärte er ihr, dass sie im Führungsteam beschlossen haben, dass alle Mitarbeiter – auch sie – ab sofort Telefondienst machen müssten. Die Mitarbeiterin verließ wütend den Raum und sagte beim Hinausgehen, dass er einfach keine fähige Führungskraft sei und dass niemand im Team verstanden habe, warum gerade er befördert wurde.

Im Coaching hatte er dazu folgende Fragestellungen:

- Was hätte ich anders machen können, damit die Situation nicht eskaliert?
- Was soll ich als Nächstes tun? Wie soll ich mit der ehemaligen Teamleiterin sprechen? Wie soll ich mich gegenüber dem restlichen Team verhalten, angesichts dessen, dass die ehemalige Teamleiterin und die Mitarbeiterin schlecht über mich reden und versuchen, die Stellvertreterin auf ihre Seite zu ziehen?

Herr Mayer stand unter extremem Druck. Sein Vorgesetzter konnte ihn nicht unterstützen, da er drei Wochen in den Ferien war. Die Situation im Team drohte außer Kontrolle zu geraten. Er sagte, ihm stehe das Wasser bis zum Hals. Aus diesem Grund erstellte der Coach zusammen mit Herrn Mayer einen Notfallplan. Darin wurde definiert mit wem er wann über was sprechen sollte. Der Notfallplan sah vor, dass er zuerst die Stellvertretung seines Vorgesetzten informierte. Diese unterstützte ihn stark und wurde zu seiner Verbündeten. So übernahm sie das Gespräch mit der ehemaligen Teamleiterin, einer ehemaligen Kollegin. Als ehemalige Kollegin wählte sie einen informellen Rahmen für dieses Gespräch und wirkte so deeskalierend. Eine weitere Maßnahme war, dass er mit seiner Stellvertretung sprach, um herauszufinden, was diese von ihm brauchte, um so die Zusammenarbeit zu verbessern.

Jede definierte Maßnahme im Notfallplan wurde im Coaching besprochen. Es entstand ein „Rezeptheft" für die kommenden Wochen. So ausgerüstet machte er sich auf dem Weg zurück in sein Team.

Er war mit den Ergebnissen der einzelnen Gespräche mehrheitlich zufrieden. Zudem tauschte er sich regelmäßig mit der Stellvertreterin seiner vorgesetzten

Person aus. Der Notfallplan und die Gespräche mit der Stellvertreterin und dem Coach führten dazu, dass er sich sicherer fühlte und sich dadurch auch die Teamsituation verbesserte. Die Negativschlaufe konnte so durchbrochen werden.

Fazit

Die Herausforderung dieses Coachings war, die Vielfalt der Themen, die alle gleichzeitig wichtig und dringend für einen guten Start waren, innert kürzester Zeit zu besprechen.

Es war sehr schwierig für Herrn Mayer, als Führungskraft ohne spezifische Führungsausbildung bzw. -erfahrung und ohne Unterstützung des Vorgesetzten in der Anfangsphase ein solch anspruchsvolles Team zu übernehmen. Ohne Coaching – hier eher als Expertenberatung – wäre die Situation vermutlich eskaliert. Mit großer Wahrscheinlichkeit hätte Herr Mayer ohne Begleitung aufgegeben. Der Coach musste über seinen Schatten springen und das übliche, eher prozessorientierte Coachingvorgehen über Bord werfen.

Bei den weiteren Coachings, als die Situation entschärft war, wurde es für den Coach schwierig vom Experten- in den Prozessmodus („Hilfe zur Selbsthilfe") zu wechseln. Für Herrn Mayer war klar, dass er den Coach lieber als Experten und Ratgeber nutzen wollte.

Obwohl das Vorgehen der Expertenberatung in einer Situation des „Ertrinkens" richtig sein kann, besteht die Gefahr, dass der Coachee sich bei jedem Problem Rat holt ohne selbständig eigene Lösungen zu suchen.

Der Coach riet Herrn Mayer zu einer Führungsausbildung und beendete dann das Coaching, da Herr Mayer jetzt seine Fälle dort einbringen konnte. In einem Auswertungsgespräch zeigte sich, dass das Coaching zum Start sehr wichtig war. Die empfohlene Führungsausbildung war die richtige Maßnahme für die Weiterentwicklung des Coachees. Herr Mayer erzählte später, dass er jetzt sogar von seinen Peers um Rat angefragt werde, wenn diese schwierige Situationen zu meistern hätten.

7.2   Was tun? – Führungsübergriff

Der Coachee, nennen wir ihn hier Herrn Müller, schrieb dem Coach, dass seine Vorgesetzte Frau Weiss darauf besteht, dass er ein bereits angefangenes Coaching wieder aufnehmen sollte. Herr Müller hatte das Coaching zwei Mal genutzt und meldete sich dann sechs Monate lang nicht mehr.

Der Coach hatte ein erstes Gespräch mit Frau Weiss und Herrn Müller vorgeschlagen, um den Auftrag zu klären. Beim diesem Termin brach ein Streit zwischen Frau Weiss und Herrn Müller aus. Frau Weiss beschimpfte Herrn Müller, dass er das Team nicht führe und die Leistungen des gesamten Teams im Keller seien. Sie habe jetzt mit jedem Mitarbeiter aus seinem Team gesprochen und gefragt, wie er als Führungskraft sei. Zudem komme er spät und gehe früh. Sie war außer sich und sagte auch noch, dass es ihr reiche, dass sie so viele Überstunden leisten müsse, nur weil er einen schlechten Job mache. Herr Müller hörte zu und rechtfertigte sich. So habe er selber viele Überstunden, die er belegen könne. Herr Müller erklärte weiter, dass es extrem schwierig für ihn sei, weil seine Mitarbeiter nicht zu ihm, sondern direkt zu Frau Weiss gingen. Er wisse oft weder, dass sie bei ihr waren noch was besprochen wurde. So könne er nicht richtig führen. Zudem rede auch seine Stellvertreterin, eine gute Freundin von Frau Weiss, nicht mit ihm. Er sei nicht gut eingeführt worden, z. B. habe er bis vor kurzem nicht gewusst, dass es jede Woche Auswertungen zur Leistung seines Teams gäbe und diese im Vergleich zu den anderen Teams derart schlecht seien.

Frau Weiss wollte Herrn Müller ständig unterbrechen. Der Coach sorgte dafür, dass auch Herr Müller ausreden durfte. Mit der Zeit beruhigte sich Frau Weiss, da ihr einige Fehler bewusst wurden. Vom Coaching erwartet Frau Weiss, dass Herr Müller seine Führungsfunktion ab sofort übernehmen sollte. Der Coachee antwortete, um dieses Ziel zu erreichen, müssten sie heute zu Dritt überlegen, wie er als Führungskraft gestärkt werden könnte. Herr Müller gab nochmals die Rückmeldung, dass die Einzelgespräche zwischen Frau Weiss mit seinen Teammitgliedern nicht förderlich für seine Position als Führungskraft gewesen seien. Nach der Diskussion willigte Frau Weiss ein, in der nächsten Teamsitzung zu den Teammitgliedern zu sprechen und Herrn Müller als Führungskraft zu bestätigen. Sie werde keine weiteren Gespräche mit einzelnen Teammitgliedern führen. Zudem empfahl der Coach Herrn Müller einen Teamentwicklungs-Workshop. Frau Weiss war einverstanden, wollte aber den Workshop moderieren. Dies lehnte der Coach mit der Begründung ab, dass dies Herrn Müller in seiner Rolle als Führungskraft schwächen würde. Der Coach empfahl eine Kollegin für die Moderation des Workshops. Frau Weiss und Herr Müller waren damit einverstanden.

Im Vorbereitungsgespräch zum Workshop wurde jedoch klar, dass Frau Weiss darauf bestand am Workshop anwesend zu sein, sie wollte unbedingt eine Rolle haben. Sie zeigte mit diesem Verhalten, dass sie das Team nicht loslassen wollte und Herrn Müller misstraute. Es entstand die Idee, mit der alle Beteiligten einverstanden waren, dass man Frau Weiss am Schluss des Workshops einladen würde, um ihr die Ergebnisse vorzustellen.

Der Workshop war ein voller Erfolg. Die gegenseitigen Erwartungen wurden geklärt und Herr Müller konnte sich als Führungskraft positionieren. Die Mitarbeiter zeigten Interesse an ihm, indem sie viele Fragen zu ihm als Privatperson stellten. Die Schlussaufgabe – es sollte ein Symbol des Teams erstellt werden – wurde als Höhepunkt des Workshops bewertet. Alle hatten Spaß und man einigte sich schnell, wie das Symbol aussehen sollte. Für jedes Teammitglied wurde ein Vogel erstellt. In der Gesamtdarstellung flogen alle Vögel in die gleiche Richtung. Die gute Stimmung übertrug sich auf das ganze Team. Die Workshop-Auswertung zeigte, dass alle den Workshop für sinnvoll und nützlich hielten und dass sie mit dem Ergebnis sehr zufrieden waren.

Frau Weiss war bereits im Raum und hörte die guten Feedbacks. Herr Müller zeigte ihr das Bild mit den Vögeln. Frau Weiss würdigte die Ergebnisse. Dann sagte sie zum Team, dass sie mit den Arbeitsleistungen überhaupt nicht zufrieden sei, die neusten Zahlen seien noch schlechter. Sie erwarte, dass das Team ab sofort gleiche Leistungen, wie die anderen Teams erbringe.

Laut Moderatorin sei das Team im Workshop einen sehr großen Schritt weiter gekommen. Die Energie für die Veränderungen sei spürbar gewesen. Dann habe Frau Weiss jedoch mit ihrer Ansprache die ganze Energie zunichte gemacht. Die Enttäuschung sei den Teammitgliedern in den Gesichtern gestanden. Im Debriefing betonte Frau Weiss immer wieder, wie wichtig ihre Schlussworte gewesen seien. Sie war bis am Schluss nicht einsichtig, dass ihre Schlussworte für den Teamprozess nicht förderlich gewesen waren.

Leider hielt sie auch die Abmachung nicht ein, direkte Gespräche mit den Teammitgliedern zu unterlassen. So sprach sie mit ihrer Freundin, der Stellvertreterin von Herrn Müller über ihn. Herr Müller erhielt eine dreiseitige Verwarnung – ein regelrechter Zerriss. Er beriet sich mit dem Coach, wie er sich verhalten sollte. Er wollte die Stelle unbedingt behalten, da er gerade Vater geworden war. Er diskutierte dann jeden Punkt auf der Verwarnung mit Frau Weiss. Dabei bestand er darauf, dass Punkte, die aus seiner Sicht nicht gerechtfertigt waren und für die Frau Weiss keine Beispiele aufführen konnte, gestrichen wurden.

Herr Müller erzählte zwei Monate später in einem weiteren Coachinggespräch, dass sich die Beziehung zu Frau Weiss relativ schnell nach der Verwarnung normalisiert habe. Die Teamleistung habe sich verbessert, liege jedoch immer noch unter den geforderten Werten. Er habe sich daran gewöhnt, dass Frau Weiss immer wieder Gespräche mit seinen Mitarbeiter führe. Das sei halt so. Trotzdem war er guten Mutes. Er beendete das Coaching, da er auf einem guten Weg sei und bedankte sich für die Unterstützung.

Fazit Das Coaching hatte Herrn Müller geholfen mit dem hohen Druck umzugehen und nach der Verwarnung gegenüber Frau Weiss klar Stellung zu beziehen. Trotzdem war die Situation mit Frau Weiss für ihn eine Berg- und Talfahrt. Frau

Weiss und Herr Müller waren sehr unterschiedlich und hatten nicht das gleiche Führungsverständnis. Der Coach hatte mehrere Hypothesen, warum es nicht gelungen ist, dass sich Herr Müller gegenüber Frau Weiss durchsetzen konnte und warum diese die Gespräche mit seinen Mitarbeitern nicht beendete:

- Herr Müller stellte das Bedürfnis nach finanzieller Sicherheit an oberste Stelle.
- Herr Müller wollte unbedingt reüssieren, denn er hatte es geschafft einen Schritt in Richtung Karriere zu erklimmen. Er war branchenfremd und hat sich hochgearbeitet. Er wollte auf keinen Fall zurück. Scheitern kam für ihn nicht in Frage.
- Frau Weiss wirkte nicht sehr selbstsicher, daher brauchte sie die positiven Feedbacks von diesem Team. Sie fühlte sich einsam, vermisste die Unterstützung im Führungsteam. Sie konnte daher das Team nicht aufgeben.

Dieses Beispiel zeigt auf, dass Coaching seine Grenzen hat.

7.3   Meine Freundin ist meine Mitarbeiterin

Frau Schön wurde zur Leiterin des Teams befördert, in dem sie zuvor gearbeitet hatte. Sie freute sich sehr über die Beförderung, war aber auch überrascht. Auch ihre Kollegen waren im ersten Moment überrascht, fanden nach dem ersten Zögern den Entscheid aber positiv. Sie äußerten nur einen Vorbehalt und zwar fragten sie sich, wie Frau Schön die Gleichbehandlung aller Teammitglieder gelingen werde, wenn sie doch mit Frau Kalterer so gut befreundet sei. Frau Schön und Frau Kalterer lernten sich vor Jahren bei einer Weiterbildung kennen und freundeten sich an. Auch die Familien verstanden sich sehr gut und trafen sich regelmäßig. Als vor zwei Jahren eine Stelle frei wurde, wurde Frau Kalterer aufgrund der Empfehlung von Frau Schön eingestellt. Obwohl beide im gleichen Team arbeiteten, hatten sie inhaltlich wenig miteinander zu tun, da sie einen eigenständigen Themenbereich betreuten.

Im Coaching wurde eine Stakeholderanalyse durchgeführt. Anschließend traf sich Frau Schön mit den wichtigsten Ansprechpartnern für einen Austausch. Einige Stakeholder waren sehr zufrieden mit der Zusammenarbeit. Es gab aber auch solche, die sie aufforderten endlich eine Lösung für die schlechte Zusammenarbeit mit Frau Kalterer zu finden. Frau Schön hatte bisher weder von ihrer Freundin noch von ihrem Vorgänger so konkrete Rückmeldungen erhalten. Natürlich gab es in der Vergangenheit informelle Rückmeldungen, aber da nahm sie ihre Freundin immer in Schutz. Gelästert wurde ja überall.

Die Situation wurde für Frau Schön sehr schwierig. Im Coaching wurde das Gespräch mit Frau Kalterer anhand eines Rollenspiels geübt. So vorbereitet suchte Frau Schön das Gespräch und wurde total überrumpelt. Frau Kalterer lehnte jegliche Kritik dezidiert ab, gab allen anderen die Schuld und verweigerte das weitere Gespräch. Eiszeit brach zwischen den beiden aus und das Teamklima verschlechtere sich massiv. Die Ängste der Mitarbeiter betreffend Gleichbehandlung aller nahmen dadurch noch mehr zu, da sie die beiden ständig im Kommunikationsraum beieinander sahen. Die Mitarbeiter konnten damals noch nicht wissen, dass die beiden Konfliktgespräche führten. Frau Schön bekam einen Gewissenskonflikt. Einerseits war ihr Team nicht zufrieden mit der Situation und sie wurde nun auch offen kritisiert, andererseits wollte und konnte sie nichts über den Inhalt der Gespräche mit Frau Kalterer verlauten lassen.

Frau Schön fühlte sich alleine. Frau Kalterer zeigte kein Verständnis für ihre Situation. Ihr Vorgesetzter sagte, dass sie jetzt durchgreifen solle. Die Situation eskalierte als Frau Schön Frau Kalterer Rückmeldung zu einem Konzept gab, hinter dessen Qualität sie nicht stehen konnte. Frau Schön wollte, dass Frau Kalterer das Konzept überarbeitet und bot ihr ihre Hilfe an. Diese weigerte sich jedoch. Zudem beschimpfte sie Frau Schön und verletzte sie massiv. Frau Schön verlor ihre Zurückhaltung und machte auch Frau Kalterer schwerwiegende Vorwürfe.

Frau Schön und ihr Vorgesetzter beschlossen, Frau Kalterer eine Mediation vorzuschlagen. Diese nahm das Angebot nicht an und gab Frau Schön die ganze Schuld an dieser Situation. Sie habe die ganze Freundschaft aufs Spiel gesetzt, um ein bisschen Karriere machen zu können. Ihr Mann habe sie schon immer vor ihr gewarnt.

Frau Schön wusste, dass sie etwas tun musste, um die Situation zu retten. Nach einem Gespräch mit dem Coach und einer schlaflosen Nacht, beschloss sie Frau Kalterer zu verwarnen. Der erste Schritt für eine ordentliche Entlassung war damit getan. Frau Kalterer blieb stur auf ihrer Position. Als sie zu weiteren Gesprächen eingeladen wurde, erschien sie nicht. Sie weigerte sich konsequent über ihre Arbeit Auskunft zu geben. Die Klagen über Frau Kalterer nahmen zu und einzelne Abteilungen wollten nicht mehr mit ihr zusammen arbeiten.

Frau Schön nutzte das Coaching, um die Konfliktgespräche mit Frau Kalterer vorzubereiten und schwierige Entscheidungen zu reflektieren. Aufgrund des Verhaltens von Frau Kalterer und der schlechten Arbeitsqualität entließ Frau Schön sechs Monate nach ihrer Beförderung ehemalige Freundin. Die Freundschaft war zerbrochen, das Teamklima war sehr schlecht, die Reputation auf dem Boden.

Fazit

Im ersten Coachinggespräch erzählte Frau Schön von ihrer Freundschaft zu Frau Kalterer. Sie wollte mit Frau Kalterer darüber sprechen und ihr erklären, dass sie ihr Verhalten im Geschäft verändern werde, weil für sie die Gleichbehandlung aller Teammitglieder sehr wichtig sei. Dass sie von jetzt an privat, keine Gespräche mehr über das Team oder Entscheide mehr führen würden. Sie wurde von den Ereignissen und unerwarteten negativen Rückmeldungen jedoch eingeholt. Frau Schön führte dieses erste Klärungsgespräch daher nicht. Sie wollte zuerst das Qualitätsproblem von Frau Kalterer in den Griff bekommen, da die schlechten Rückmeldungen der anderen Abteilungen für sie vorrangig waren.

Insgesamt war Frau Schön mit der Situation überfordert, sie überstand den Berufsalltag nur noch mit Mühe. Die Anforderungen von allen Seiten waren sehr hoch. Es waren schwierige und emotionale Entscheidungen nötig, die sie im Coaching besprechen konnte. Das Coaching unterstützte sie harte, aber richtige und konsequente Entscheidungen zu treffen und umzusetzen. Zudem konnte sie mit dem Coach den Verlust der wichtigen Freundschaft thematisieren und bearbeiten.

7.4 „Es ist alles gut" oder doch nicht?

In nicht wenigen Coachings zum Führungsstart gehen die Coachees in der ersten Sitzung mit der Annahme „es ist alles gut, eigentlich habe ich gar keine Fragen" rein (siehe dazu Abschn. 5.1). In diesem Fallbeispiel gab auch die Vorgesetzte der Coachee (Frau Berger) an, im Team gebe es keinerlei Probleme, daher ginge es im Coaching lediglich um die Stärkung von Frau Seibert als Führungskraft. Die Coachee (Frau Seibert) hatte noch sehr wenig Führungserfahrung und kam von extern. Vor der Übernahme durch Frau Seibert führte Frau Berger das Team ad Interim. Auch Frau Seibert äußerte, dass im Team eigentlich alles gut laufe und sie keine konkreten Fragen habe. Der Coach nahm dies zur Kenntnis, erklärte Frau Seibert jedoch, dass er eine Aufstellung aller Mitarbeiter vorschlägt. Eine Aufstellung helfe – auch wenn es keine Probleme gäbe – den meisten Führungsverantwortlichen, sich einen Überblick über das Team zu verschaffen und sich zu den Mitarbeitern in Bezug zu setzen. Die Aufstellung erfolgte mit Hilfe von Figuren. Sie zeigte, dass sich die Mitarbeiter bei Problemen immer noch an Frau Berger wandten und dass es im Team verschiedenste schwelende Konflikte gab, die nicht offen ausgetragen oder thematisiert wurden. Der Coach spiegelte sein

Erstaunen der Coachee. Er stellte für sich folgende Hypothesen auf, warum Frau Berger die Konflikte im Team nicht sah:

1. Die Probleme tauchten erst auf, als das Team eine neue Vorgesetzte erhielt und den direkten Draht zur ranghöheren Chefin verloren. Die ranghöhere Chefin konnte also nicht wissen, dass das Team Probleme hat.
2. Die ranghöhere Chefin wollte das Team nicht abgeben. Dafür sprach, dass sie die direkten Gespräche mit den Mitarbeitern nicht unterbrach, sondern eher förderte.
3. Frau Berger sah die verdeckten Konflikte nicht, da sie als Bereichsleiterin wenig Zeit für die Führung des Teams hatte.
4. Frau Berger wollte als Vorgesetzte von Frau Seibert zeigen, dass sie ihre Arbeit als Führungskraft richtig und gut machte. Sie konnte nicht zugeben, dass es im Team Konflikte gab.

Dass Frau Seibert die Konflikte nicht äußerte, lag daran, dass sie ihrer eigenen Intuition und Erfahrungen nicht mehr oder noch nicht vertraute.

Im Coaching wurde zunächst bearbeitet, wie Frau Seibert es schaffen konnte, dass die Mitarbeiter sich in Zukunft an sie, und nicht an Frau Berger wendeten. Frau Seibert wollte das Gespräch mit Frau Berger suchen. Sie wollte darin ausdrücken, dass sie ihre Unterstützung brauchte, um voll als Führungskraft akzeptiert zu werden. Konkret forderte sie von Frau Berger, dass sie die Teammitglieder aufforderte, sich ab sofort mit allen Anliegen an Frau Seibert zu wenden. Sie sollte ihnen sagen, dass sie keine Anliegen mehr entgegennimmt. Frau Berger sollte auch bekräftigen, wie froh sie sei, dass Frau Seibert das Team jetzt leite und dass sie zufrieden mit ihr sei. Sie sollte ein Commitment abgeben.

Im nächsten Coaching wurde das Gespräch mit Frau Berger reflektiert. Frau Seibert konnte ihre Anliegen anbringen und Frau Berger erklärte sich bereit, in der nächsten Teamsitzung Stellung zu beziehen.

Um die schwelenden Teamkonflikte anzugehen, haben Coachee und Coach entschieden, einen moderierten Workshop durchzuführen.

Der Coach hatte eine andere Person für die Moderation vorgeschlagen, um einen Rollenkonflikt zu verhindern. Dies kam weder für den Coachee noch für Frau Berger in Frage. Beide bestanden darauf, dass der Coach diesen Workshop leiten sollte. Frau Berger drohte, dass sie sonst den Workshop selber leiten würde. Dies wollte der Coach unbedingt verhindern, da dieses Vorgehen Frau Seibert geschadet und sie als Führungskraft einmal mehr geschwächt hätte. Daraufhin entschied der Coach den Workshop selber zu moderieren. Vor dem Workshop klärte der Coach deshalb mit Frau Seibert, dass seine Aufgabe im Workshop sei, dafür zu sorgen, dass alle Anwesenden ihre Anliegen gleichberechtigt einbringen könnten. Der Coach verstärke in diesem Fall nicht nur ihre Anliegen, sondern die aller Teilnehmer.

Workshop

Im ersten Schritt erfolgte eine klassische Erwartungsklärung. Frau Seibert wollte wissen, welche der präsentierten Erwartungen sie bereits erfüllte und welche nicht. Obwohl dies im Workshopdesign nicht vorgesehen war, ließ der Coach sich darauf ein. Er wiederholte jedoch zuvor die Feedbackregeln und gab dem Team die klare Anweisung, dass sie sich auf zwei bis drei wesentliche Punkte konzentrieren sollten. Der Coach und Frau Seibert verließen den Raum und der Coach nutzte die Zeit, um Frau Seibert an die Feedbackregeln für den Empfänger zu erinnern.

Die Aussagen der einzelnen Teammitglieder waren sehr vage formuliert. Frau Seibert fragte beharrlich nach, bis sie die Aussagen verstand und zuordnen konnte. Sie bestand darauf, dass die Teammitglieder sich offenbarten und ließ ihnen keine Hintertür offen. Der ganze Prozess war sehr emotional und verlangte von Frau Seibert ein beachtliches Ausharren einer unangenehmen Situation für sie und ihr Team.

Durch konsequentes Rückfragen von Frau Seibert gelang es ihr, konkretes Feedback zu erhalten: Wenig Verständnis vom eigenen Geschäftsbereich und den Aufgaben und Leistungen der Mitarbeiter; mangelnde Wertschätzung für hohen Arbeitseinsatz; ungerechte Verteilung der Arbeitslast im Team (drei Mitarbeiter, die sich nicht ins Team einbringen und sich nie für Zusatzaufgaben anbieten). Zu diesem Zeitpunkt wollte niemand die drei Personen benennen.

Es wurden Maßnahmen erarbeitet, die eine gerechtere Arbeitsverteilung unterstützen sollten, z. B. dass Frau Seibert sich Zeit nahm und von jedem Mitarbeiter eine Einführung in das entsprechende Aufgabengebiet bekam. Zudem sollten alle Mitarbeiter – auch jene, die gut unterwegs waren – jeweils bis Wochenmitte zuverlässig melden, wie sie ihre Arbeitsmenge bewältigen könnten. Sie vereinbarten, dass jeder zeitnah zuerst Hilfe bei den Kollegen anfragten und sich erst dann an die Chefin wenden sollten.

Obwohl das Team mit den vereinbarten Maßnahmen zufrieden war, stand noch das Geheimnis im Raum, wer die drei Mitarbeiter waren, die sich weniger engagierten. Dem Coach war es ein hohes Anliegen, dies vor Schluss des Workshops zu klären. Er ließ das Team aufstellen. Die Leitfrage war: Wie geht es mir heute hier und jetzt im Workshop von 1 bis 10. Wobei 1 gar nicht gut und 10 sehr gut bedeutete.

Die Aufstellung zeigte folgendes Bild: Drei Personen standen bei 1 oder 2, die Mehrheit stand bei 5 oder 6, die Vorgesetzte war bei 9.

Der Coach fragte die Personen aus der Mitte (Wert 5/6), warum sie gerade dort stehen. Da meldete sich ein Teammitglied und sagte, dass sie mit dem Workshopverlauf zufrieden sei, aber dass es Zeit sei, diese drei Kolleginnen zu benennen. Sie sagte: „Ich möchte diesen drei jetzt ein Feedback geben". Sie wandte sich an die drei Kolleginnen die bei 1 oder 2 standen und sagte ihnen, dass es für sie nicht nur um Leistung gehe, sondern dass sie sich nicht ins Team einbringen würden. Dass sie nie an gemeinsamen Anlässen teilnehmen, sich in den Sitzungen nicht melden und nie zu irgendetwas Stellung beziehen würden.

Der Coach deutete die negative Aussage in eine Positive um: sie seien dem Team wichtig.

Die angesprochenen Personen teilten dann einzeln mit, warum sie sich nicht ins Team einbringen würden. Da war eine teilzeitarbeitende Person, die das Ziel hatte, ihre Pendenzen in der ihr verfügbaren Zeit herunter zu arbeiten. Ihr fehle es aber an Fachwissen, um alle Fälle selber bearbeiten zu können. Hier wurde ein Lerntandem als Maßnahme ergriffen.

Die zweite Person war noch nicht lange in dieser Abteilung. Sie hatte sich darauf verlassen, dass eine Mitarbeiterin aus dem Team ihr immer weiterhalf. Sie hatte nicht bemerkt, dass sie die Mitarbeiterin mit ihren Fragen überforderte und diese durch die ständigen Ablenkungen noch mehr Überzeit leisten musste, um ihre Arbeit einigermaßen erledigen zu können. Die betroffene Mitarbeiterin hatte aber nie etwas gesagt, hatte nie das Gespräch gesucht – bis zum Workshop. Die gegenseitigen Verletzungen konnten im Workshop nicht mehr bearbeitet werden. Zumindest war geklärt, dass die neue Mitarbeiterin sich jemand anderen im Team suchen musste und dass von ihr zukünftig ein selbständigeres Arbeiten erwartet wurde.

Die dritte Person war sehr schüchtern. Sie erklärte dem Team, dass es nicht böse Absicht sei, dass sie sich nicht einbringe, sondern dass sie das nicht könne. Sie wünschte sich, dass die Teammitglieder auf sie zukommen sollten. Sie versprach, dass sie sich ändern würde – aber halt in kleinen Schritten. Nach dem Workshop ergriff sie die Initiative und bat um einen Platzwechsel, da sie zuhinterst in einer Ecke saß, wo niemand sie im Blickfeld hatte.

Durch die Aufstellung konnte das Geheimnis gelüftet werden und Maßnahmen für eine bessere Zusammenarbeit ergriffen werden.

Direkt nach dem Workshop war die Stimmung im Team sehr schlecht. Im Nachgang an den Workshop nahm sich Frau Seibert einen ganzen Tag Zeit, um die Maßnahmen sofort umzusetzen bzw. zu planen und Termine entsprechend zu koordinieren. Aufgrund der getroffenen Maßnahmen verbesserte sich die Stimmung im Team sehr schnell. Die drei Mitarbeiter versuchten sich – in kleinen Schritten – ins Team zu integrieren.

Fazit
Dieser Fall zeigt, dass es sich lohnt, als Coach hartnäckig zu bleiben, wenn jemand vordergründig keine Probleme hat. Unserer Erfahrung nach gibt es kaum eine Anfangssituation, wie der Start mit einem neuen Team, die ganz ohne Herausforderungen ist. In diesem Fall gelang es dem Coach, dass der Coachee sich getraute, die Herausforderungen mit der vorgesetzten Person zu besprechen. Der Workshop gab eine gute Gelegenheit, die unterschwelligen Konflikte zu benennen und zu bearbeiten. Die Beharrlichkeit von Frau Seibert hatte sich ausbezahlt.

7.5   Durch Selbstreflexion zum Erfolg

Im Erstgespräch dieses Coachings nannte die Vorgesetzte von Frau Faust (Coachee), dass Ihre neue Teamleiterin in ihrer Rolle als Führungskraft gestärkt werden soll. Ansonsten habe Frau Faust freie Hand, das Coaching für sich so zu nutzen, wie sie es brauche. Frau Faust wollte im Coaching Fälle besprechen, bei denen sie sich unsicher fühlte. Frau Faust hatte sich sehr gut auf ihre Rolle vorbereitet. Sie hatte für sich ein klares praktisches Führungsverständnis entwickelt. Die Anfangsphase hatte sie „lehrbuchmäßig" gestaltet, sie hatte beispielsweise mit jedem Mitarbeiter Kennenlerngespräche und einen Start-Workshop durchgeführt. Das Coaching wurde im Wesentlichen dafür genutzt, dass die Coachee verschiedene Führungssituationen schilderte. Dabei reflektierte sie unaufgefordert ausgiebig. Sie erkannte zunehmend, dass sie ihre Führungsphilosophie, die sie v. a. durch Beobachtung ihrer eigenen ehemaligen Vorgesetzten abgeschaut hatte, überprüfen sollte, weil sie sich in gewissen Führungssituationen nicht wohl fühlte. So war der Coach eine Art „stiller" Sparringpartner, damit die neue Führungskraft ihren eigenen Weg finden konnte.

Fazit
Frau Faust hatte eine sehr hohe Selbstreflexions-Kompetenz. Fragen schienen sie eher zu stören und sie in ihrer Reflexion zu unterbrechen. So wurde der Coach zum aktiven Zuhörer. Zuerst war der Coach verunsichert, weil Frau Faust quasi einen Monolog führte. Nach jeder Sitzung wurde das Coaching kurz ausgewertet. Frau

Faust war immer sehr zufrieden. Dadurch wurde dem Coach klar, dass Frau Faust sich genau dies wünschte – sich laut beim den eigenen Gedanken zuzuhören, um diese zu sortieren und so den eigenen Weg zu finden. Auch Jahre später erhielt der Coach das Feedback von Frau Faust, dass das Coaching die beste Entwicklungsmaßnahme für sie gewesen sei.

Was Sie aus diesem *essential* mitnehmen können

- Ein klareres Verständnis, was es bedeutet, zum ersten Mal die Führungsverantwortung zu übernehmen.
- Überblick über typische Anliegen bzw. Fragestellungen einer neuen Führungskraft und Wege, wie man im Coaching damit umgehen kann.
- Einen Katalog mit wichtigen Fragen, die es sich lohnt einer neuen Führungskraft zu stellen.
- Grundlegendes Handwerkszeug und ausgewählte Methoden um eigene Coachings zum Führungsstart durchzuführen.
- Hinweise und Instrumente für die Gestaltung der Anfangsphase als Führungskraft.

© Springer Fachmedien Wiesbaden GmbH, ein Teil von Springer Nature 2020   53
C. Mathier-Matter und A. Wittekind, *Coaching zum Führungsstart*, essentials,
https://doi.org/10.1007/978-3-658-28337-7

Literatur

Caspari, H., & von Schumann, K. (2018). Führungswechsel-Coaching bei der MTU Aero Engines. *Coaching Magazin, 3,* 22–26.

Deutscher Bundesverband für Coaching e. V. (2012). *Leitlinien und Empfehlungen für die Entwicklung von Coaching als Profession* (4. Aufl.). Osnabrück: DBVC Geschäftsstelle.

Kohlmann-Scheerer, D. (2013). *Gestern Kollege – heute Vorgesetzter: So schaffen Sie den Rollentausch* (10. Aufl.). Staßfurt: Salzland Druck.

Metz, F., & Rinck, E. (2010). *Transition Coaching: Führungswechsel meistern, Risiken erkennen, Businesserfolg sichern.* München: Hanser.

Polt, W., & Rimser, M. (2006). *Aufstellungen mit dem Systembrett: Interventionen für Coaching, Beratung und Therapie.* Berlin: Ökotopia.

Radatz, S. (2013). *Beratung ohne Ratschlag: Systemisches Coaching für Führungskräfte und BeraterInnen.* Wien: Verlag systemisches Management.

Rauen, C. (2008). *Coaching.* Göttingen: Hogrefe.

Röhrig, P. (2008). *Solution Tools. Die 60 besten sofort einsetzbaren Workshop-Interventionen mit dem Solution-Focus.* Bonn: manager seminare.

Runde, B. (2013). S-C-Eval. In C. Rauen (Hrsg.), *Coaching tools* (8. Aufl.). Bonn: manager seminare.

Schreyögg, A. (2010). *Coaching für die neue ernannte Führungskraft* (2. Aufl.). Wiesbaden: Springer.

Semler, A. (2010). *Der Coach als Wegbegleiter: Eine Fallgeschite aus der Sicht von Klient, Coach und Unternehmen.* Wiesbaden: Springer.

Weiand, A. (2016). *Toolbox Change Management, 44 Instrumente für Vorbereitung, Analyse, Planung, Umsetzung und Kontrolle.* Stuttgart: Schäffer-Poeschel.

© Springer Fachmedien Wiesbaden GmbH, ein Teil von Springer Nature 2020   55
C. Mathier-Matter und A. Wittekind, *Coaching zum Führungsstart,* essentials,
https://doi.org/10.1007/978-3-658-28337-7

9783658283360